Las tinieblas de Salamanca

Raúl Galache García

Lecturas en español de
ENIGMA Y MISTERIO

Raúl Galache García es Licenciado en Filología Hispánica y tiene formación específica para la enseñanza de ELE. Es profesor de Lengua castellana y Literatura en Educación Secundaria desde el año 2002, y enseña español tanto a nativos como a extranjeros. Como escritor, ha publicado sus relatos en diversas antologías y revistas impresas y digitales. Esta es su primera novela específicamente para extranjeros.

© Editorial Edinumen, 2012
© Raúl Galache García

ISBN: 978-84-9848-377-2 (con CD)
ISBN: 978-84-9848-376-5
Depósito Legal: M-15829-2013
Impreso en España
Printed in Spain

Coordinación de la colección: Manuel Rebollar
Edición: Sonia Eusebio

Diseño de portada: Juanjo López
Diseño y maquetación: Ana Gil
Ilustraciones: Carlos Yllana
Fotografías: Archivo Edinumen

Impresión:
Grupo gráfico Gómez Aparicio. Madrid

1.ª edición:	2012
1.ª reimpresión:	2013
2.ª reimpresión:	2017
3.ª reimpresión:	2018

Editorial Edinumen
José Celestino Mutis, 4. 28028 - Madrid
Teléfono: 91 308 51 42
Fax: 91 319 93 09
e-mail: edinumen@edinumen.es
www.edinumen.es

Reservado todos los derechos. No está permitida la reproducción parcial o total de este libro, ni su tratamiento informático, ni transmitir de ninguna forma parte alguna de esta publicación por cualquier medio mecánico, electrónico, por fotocopia, grabación, etc., sin el permiso previo y por escrito de los titulares del copyright.

Índice

Antes de la lectura	....	4
Capítulo **I.**	....	7
Capítulo **II.**	....	11
Capítulo **III.**	....	14
Capítulo **IV.**	....	16
Capítulo **V.**	....	17
Capítulo **VI.**	....	22
Capítulo **VII.**	....	28
Capítulo **VIII.**	....	30
Capítulo **IX.**	....	32
Durante la lectura	....	42
Capítulo **X.**	....	46
Capítulo **XI.**	....	51
Capítulo **XII.**	....	61
Capítulo **XIII.**	....	65
Epílogo	....	74
Después de la lectura	....	76
Solucionario	....	86

ANTES DE LA LECTURA

1. ¿Por qué has elegido este libro? ¿Qué te sugieren la portada y el título?

2. La palabra *tinieblas* aparece en el título. ¿A cuál de estas acepciones crees que se refiere el autor?

   a. Falta de luz.

   b. Oscuridad moral.

   c. Ambas (es un juego con la oscuridad real y la de las personas).

3. ¿Conoces Salamanca? ¿Has estado en alguna ciudad española?

4. Relaciona cada uno de estos edificios con la ciudad española donde están. Si no sabes la respuesta, puedes buscarla en Internet.

Monumento	Ciudad
1. Museo del Prado	a. Granada
2. Templo de la Sagrada Familia	b. Madrid
3. Giralda	c. Barcelona
4. Alhambra	d. Sevilla
5. Catedral y Plaza del Obradoiro	e. Salamanca
6. Universidad de 1218	f. Santiago de Compostela

Lecturas en español de ENIGMA Y MISTERIO

5. 🖱 En la novela, tienen especial importancia algunos edificios y lugares de la ciudad de Salamanca. Busca imágenes en Google de estos:

   a. Universidad.
   c. Casa de las Muertes.
   b. Casa de las Conchas.
   d. Plaza Mayor.

6. 🖱 ¿Cuál de ellos te ha gustado más? Busca información en Internet sobre el edificio que hayas escogido. Después, escribe un texto que incluya los siguientes datos:

   a. Época en que se construyó.
   b. Estilo arquitectónico.
   c. Ubicación (¿dónde se encuentra en la ciudad?).
   d. Breve descripción del edificio.

7. Como has podido leer en la contraportada, el protagonista se enamora de una chica cuando habla con ella por primera vez. ¿Crees en el amor a primera vista (lo que en español llamamos "flechazo")?

   ....

8. Para uno de los personajes, el cine es muy importante. Resume a tus compañeros el argumento de tu película favorita.

   ....
   ....
   ....

9. ¿Qué esperas de este libro?

   ....
   ....
   ....

Era más de media noche,
antiguas historias cuentan.

José de Espronceda,
El estudiante de Salamanca.

I

ERA casi medianoche. Elvira y yo caminábamos tan cerca el uno del otro que, por primera vez, olía su perfume a azúcar, a **canela** y a hierba mojada. Tenía el pelo largo, negro y liso, y le caía por los hombros como una cascada. Su piel pálida parecía de seda. Pensé que su cabello era el cielo y su rostro la luna. El cielo y la luna de esa noche sin nubes en que paseábamos por una ciudad vacía. Hacía frío, pero a mí no me importaba. Llevaba mucho tiempo deseando hablar con ella, meses observándola en clase, escuchando sus respuestas a las preguntas de los profesores. Soy un chico bastante tímido, así que nunca **me había atrevido** a decirle nada. En realidad, fue ella la que se acercó a mí. Yo había ido con Luis a la fiesta de un amigo suyo, uno de los miles que tiene. Me aburría sentado en un rincón, intentando no oír las canciones que sonaban: David Bisbal, Alejandro Sanz y otros cantantes llorones. Bebía una cerveza caliente y pensaba en cómo podía marcharme de allí sin ser maleducado. Alguien decidió cambiar la música. Empezó a sonar *Thunder Road*, de Bruce Springsteen. Y entonces la vi al otro lado de la habitación. **Sostenía** un vaso con aire cansado. Estaba sola. Me quedé mirándola. Yo no oía otra cosa que la canción: "hey, that's me and I want you only…". Me devolvió la mirada, se levantó y se acercó hasta mí. Me pareció que se abría un pasillo entre sus ojos y los míos. El resto de los invitados era el decorado de una película y la escena ocurría a cámara lenta: música, miradas y pasos acercándose.

Canela: planta con un olor y sabor muy característicos y agradables.
Atreverse: decidirse a hacer algo nuevo y diferente.
Sostener: coger.

LAS TINIEBLAS DE SALAMANCA

—Hola. Yo te conozco. Tú vas a mi clase de Literatura del siglo XIX, ¿verdad? —dijo mientras se sentaba a mi lado.

—Pues sí, creo que sí —contesté, intentando disimular mi nerviosismo.

—Soy Elvira —se presentó.

—Yo, Germán.

Yo no tenía experiencia en hablar con las chicas. Cada vez que intentaba **ligar** con alguna, me empezaban a **sudar** las manos y los pies, se me **aceleraba** el corazón y no sabía qué decir.

Empezamos una conversación típica de situaciones como aquella. Con quién has venido, a quién conoces, qué te parece la fiesta, etcétera. Y, **sin venir a cuento**, ella dijo:

—**Sácame de aquí**.

El aire de la calle enrojeció sus **mejillas**. A la luz de las farolas, su cara iluminaba la noche de Salamanca. Entonces, ladeó la cabeza, dejó caer su largo pelo moreno sobre el hombro y me sonrió. Tengo ese gesto grabado en mis recuerdos con la claridad de una fotografía. Lo supe en ese instante sin ninguna duda: me había enamorado como un tonto.

Estuvimos dos horas andando y hablando. No me importaba el frío. Habría recorrido todas las calles de Salamanca hasta el amanecer para seguir a su lado un rato más. Al principio, elegía mis palabras con el cuidado de alguien que se juega la vida en cada frase. Pero eso fue solo al principio. Después de un rato, hablábamos **como si** nos conociéramos desde siempre. Entre ella y yo nacía un hilo invisible que conectaba nuestra forma de entender la vida. Compartíamos los mismos gustos, hablábamos con las mismas palabras.

Ligar: conocer a alguien para empezar una relación amorosa.
Sudar: expulsar líquido por la piel a causa del cansancio o los nervios.
Acelerar: ir más rápido.
Sin venir a cuento: sin que tenga relación con lo que se está diciendo o haciendo.
Mejillas: parte de la cara.
Sácame de aquí: expresión equivalente a *vámonos de esta fiesta*.
Como si: *como si* + subjuntivo se usa para hacer comparaciones en las que se necesita un verbo.

Lecturas en español de ENIGMA Y MISTERIO

Me abrazó. Hasta un tonto como yo se daba cuenta de que ese era el momento de un beso.

LAS TINIEBLAS DE SALAMANCA

Era casi medianoche cuando llegamos a la Plaza Mayor. Sonaron doce campanadas en el reloj del Ayuntamiento. Iluminada y solitaria, la plaza era el lugar más bonito del mundo. Debajo de los arcos, lejos de la luz de las farolas, Elvira me dio la mano. Me atrajo hacia ella. Acercó su boca a mi oído y susurró:

—Contigo no tengo miedo. Quédate a mi lado.

Me abrazó. Hasta un tonto como yo se daba cuenta de que ese era el momento de un beso. Cuando mis labios se deslizaban por su cara hacia los suyos, sonaron pasos fuertes y rápidos. En la sombra, se dibujaron las siluetas de dos hombres enormes. Corrieron hacia nosotros, nos separaron a **empujones**, me tiraron al suelo y **agarraron** a Elvira. Nunca he sido valiente ni fuerte, pero aquella vez no me lo pensé. Salí tras ellos. Alcancé a uno y me enganché a su cuello. Él se dio la vuelta y me dio un **puñetazo** en la cara. Caí al suelo como un saco de patatas. Me puse de pie otra vez y corrí. Lo único que pude hacer es ver cómo metían en un coche a la chica de mis sueños y se alejaban a toda velocidad. El **acelerón** del coche, las ruedas chirriando en el asfalto y, después, un silencio total.

Allí estaba yo, en la calle, solo y sin saber qué había pasado. Me di cuenta entonces de que tenía algo en la mano. Al abrirla, vi un **collar** con un extraño dibujo: dos ángulos sobre una raya ondulada. Este signo:

Empujón: acción de mover a alguien con un golpe fuerte.
Agarrar: coger.
Puñetazo: acto de golpear a alguien con la mano cerrada, con el puño.
Acelerón: acción de acelerar, aumentar la velocidad de un automóvil bruscamente.
Collar: joya que se pone alrededor del cuello.

II

A LA mañana siguiente, Luis me estaba esperando en el bar donde solíamos vernos a la salida de clase. Habíamos pedidos dos cañas. Íbamos a ese bar porque ponían unas tapas estupendas, pero aquel día yo no tenía hambre.

–¿No te comes el chorizo? –preguntó Luis–. Vale, pues para mí. ¿Qué pasa? ¿No tienes hambre?

Yo no decía nada.

–Bueno, **ligón** –siguió hablando–. Ya vi que te ibas con la chica esa. Es guapa, **tío**. Parece un poco rara, ¿no? Pero, como dicen en **Con faldas y a lo loco**: "nadie es perfecto". Mira el **timidito**, mírale, y parecía tonto. Cuéntame: ¿cómo se llama? Cuéntamelo todo. Bueno, todo, todo, no, que un caballero no cuenta ciertas cosas. Claro que entre amigos…

Así era Luis: hablaba y hablaba sin parar y todo lo relacionaba con las miles de películas que sabía de memoria. En mi cara vio que esta vez debía callarse.

–Vaya, perdona, Germán –se disculpó–. ¿Qué ha pasado? ¡Ya te ha dejado! Si es que son muy malas, son muy malas. Mira, a mí una vez…

–No, Luis, no es que sea mala ni es que me haya dejado. Es que la **han raptado**.

Ligón: que *liga* mucho; es decir, que tiene facilidad para las relaciones amorosas.
Tío: expresión que se usa para dirigirse a un amigo.
Con faldas y a lo loco: *Some Like It Hot*, película estadunidense de 1959.
Timidito: el diminutivo (*-ito/a*) aquí indica ironía.
Raptar: llevarse a alguien y retenerlo contra su voluntad.

LAS TINIEBLAS DE SALAMANCA

–¿Qué? –su grito hizo que todos nos miraran– ¿Qué? –repitió en voz baja.

Con Luis podía contar. Desde que nos conocimos en la **cola** para matricularnos en la universidad, éramos inseparables. Su aspecto daba un poco de miedo, pero, cuando se ponía a hablar, no paraba de sonreír y te sentías a gusto a su lado. Era un chico alto y delgado. Parecía hecho con palos cubiertos de carne, como una **marioneta.** Tenía la piel amarilla, del color del papel viejo, y el pelo del color de la paja. Por eso parecía que siempre estaba enfermo. No era guapo, pero tenía amigos en todas partes y había tenido ya muchas novias; desde luego, más que yo. Solía vestir con el mismo tipo de ropa: vaqueros y **sudaderas** con **capucha**. Parecía un atleta que había abandonado el deporte.

Le conté todo lo que me había pasado la noche anterior.

–¡**Qué fuerte**! –comentó–. Pero habrás llamado a la policía, ¿no?

–Claro, en cuanto se la llevaron. Vinieron y me hicieron muchas preguntas. Estuve un buen rato hablando con **un tal** inspector Domingo Marcos, un hombre muy amable. Me dijo que investigarían, que se pasarían por la facultad y todo eso. Apuntó mi teléfono. Me preguntó si había avisado a su familia, a la de Elvira, pero yo no sé nada de ella.

Luis se quedó pensando un momento.

–Tengo una idea. Ya sé lo que vamos a hacer: iremos a ver a mi amigo Tino Mendoza –dijo.

–¿A quién?

–Tino Mendoza, el policía, el amigo de mis padres. El que me ayudó cuando escribí el **guion**.

Cola: fila de personas que esperan del primero al último.
Marioneta: muñeco movido por hilos.
Sudadera: tipo de jersey que se usa para hacer deporte.
Capucha: parte de la prenda que cubre la cabeza.
Qué fuerte: expresión coloquial que muestra gran asombro ("¡increíble!").
Un tal: se usa para decir el nombre de alguien a quien se conoce poco.
Guion: texto en el que se expone el contenido de una película.

Lecturas en español de ENIGMA Y MISTERIO

Efectivamente, Luis había escrito un guion para una película. Estudiaba Imagen y Sonido y soñaba con ser director de cine. Su guion se titulaba *Los cocodrilos atacan al atardecer*. Yo lo había leído. Era una historia sobre cocodrilos que viven en las alcantarillas y salen a comerse a la gente por la noche. Lo que nunca había entendido es por qué se titulaba "al atardecer".

—Ah, sí –dije sin mucho entusiasmo–. El policía apasionado por los casos raros.

—Por los casos raros, no, Germán: por las leyendas urbanas.

—Eso, eso, leyendas urbanas.

—Claro, Tino me conoce, nos llevamos bien. Seguro que podrá hacer algo –dijo mientras acababa de comerse mi tapa de chorizo.

En ese momento me acordé. En el bolsillo llevaba el collar que le había arrancado al hombre aquel. No se lo había enseñado a la policía. No sabía bien por qué: tal vez por los nervios o tal vez porque era lo único que me quedaba de Elvira. A lo mejor, gracias a aquel extraño símbolo conseguíamos que el tal Tino se tomara más interés.

III

EL inspector Mendoza nos recibió en su despacho.

–¡Hombre, Luis! ¿Qué tal, muchacho? ¿Qué tal tus padres?

Mientras Luis y Tino Mendoza hablaban, yo me fijé en el policía. Era un hombre de unos cincuenta años. Tenía poco pelo, así que se peinaba con la raya al lado para tapar su calva. Llevaba bigote y gruesas gafas oscuras.

–Bueno, ¿qué te trae por aquí? ¿Otro guion?

Luis le contó lo que había pasado. Él escuchaba muy atento. Me llamó la atención su aspecto: llevaba un traje marrón pálido que le quedaba pequeño y parecía que se le iba a romper por los hombros. En la corbata se veía una mancha de café. Pensé que Tino Mendoza parecía un policía sacado de una película de risa. No pude evitar acordarme de **Torrente**. Cuando Luis terminó, yo le hablé a Tino Mendoza del inspector Domingo Marcos.

–Bueno, bueno, chavales –dijo–. Dejadlo en mis manos. Hablaré con Domingo Marcos y le diré que yo me encargo de este caso. Me debe un favor. Además, estoy cansado de investigar tonterías. ¿Sabéis en qué estoy trabajando?

–No –contestamos.

–En despidos ilegales. Chicas guapas que dicen que abusan de ellas, vagos que no quieren trabajar, gente extranjera que dice que

---

Torrente: es el protagonista de la película española *Torrente*, la más taquillera de la historia. Es un expolicía feo, sucio, maleducado y de ideas ultraderechistas. La película es una comedia.

Lecturas en español de ENIGMA Y MISTERIO

los **explotan**. ¿Qué esperan? ¿Que les suban el sueldo? ¡Qué país! ¡Derechos, derechos y más derechos! Eso dicen todos.

Hablaba con **rencor**. Asustaba escucharlo.

—Hay algo más —dije bien alto.

Luis y Tino me miraron fijamente.

—Cuando me peleé con aquellos hombres, a uno se le cayó esto.

Les mostré el collar. Tino lo cogió rápidamente. Se dio la vuelta y, de espaldas a nosotros, lo examinó como un tesoro.

—Interesante… muy interesante —dijo muy despacio—. Lo miraré con calma. Ya os avisaré.

—Perdone —dije yo—. Me gustaría quedármelo.

—Es una prueba, chaval —me contestó muy serio.

—Al chico le recuerda a su novia, Tino —intervino Luis—. Si no te importa, hazle una foto al collar, por favor.

Sin decir una palabra, salió de su despacho.

—Vaya un **facha** tu **amiguete** —le dije a Luis.

—Bueno, es un poco exagerado con ciertas cosas. Es que le dejó una chica cubana y, desde entonces, está un poco **amargado**. Pero es un buen tío. Nos podemos fiar de él. Ya lo verás.

Cuando me devolvió el collar y salimos de la comisaría, en mi memoria quedaba un recuerdo de aquel hombre: olía a cebolla.

Por la noche, solo pensaba en volver a la pensión La Pensión Bocacara, mi casa, donde Flor, la dueña, me trataba como a un hijo. Éramos del mismo pueblo: Bocacara, una aldea de doscientos habitantes; bueno, ciento noventa y nueve desde que yo me fui.

Explotar a alguien: obligar a trabajar a alguien en muy malas condiciones.
Rencor: odio a algo o a alguien por algún hecho pasado.
Facha: persona con ideas de ultraderecha. Se usa como insulto.
Amiguete: diminutivo de *amigo*. *–ete* puede usarse para mostrar desprecio o rechazo, como aquí.
Amargado, a: que no es feliz porque guarda rencor a algo o a alguien.

LAS TINIEBLAS DE SALAMANCA

IV

SIEMPRE que llegaba a la puerta de la facultad, me detenía un momento ante su fachada. Era un palacio del siglo XVIII: sus altas columnas, sus escaleras de piedra, sus grandes ventanas. A uno le parecía que estudiar allí era formar parte de la historia. Creí que tal vez me encontraría con Tino Mendoza, pero no fue así. Quien sí me estaba esperando era Luis.

—Bueno, ¿preparado? —me dijo sin más.

—Buenos días, Luis —le contesté—. ¿Preparado para qué?

—¿Para qué va a ser? Para investigar. No querrás **quedarte con los brazos cruzados** esperando a que Tino tenga un rato para el caso. Adelantaremos trabajo.

No sabía qué decirle. No había podido dormir pensando en Elvira. ¿Dónde estaría? ¿Se encontraría bien? ¿Qué había pasado? Si hacía algo, como "investigar", me sentiría mejor.

—Claro, Germán —insistió Luis—. Seremos como Mel Gibson y Danny Glover en ***Arma letal***. Yo soy Mel, claro, que para eso soy el guapo. Bueno, ¿por dónde empezamos?

—Pues no sé. Ella no hablaba con nadie. No tenía amigos. Era nueva en la facultad. Por lo menos, yo no la había visto nunca en clase, ni en Primero ni en Segundo ni en Tercero.

—Con alguien hablaría.

—Ah, sí —contesté después de pensar un momento—. Con el doctor Otero Ponto. Don Félix Otero Ponto. Con él sí hablaba al acabar la clase. Es un hombre un poco raro, **la verdad**. Ahora tengo clase con él.

—Pues, venga, voy contigo.

En fin, Mel Gibson iba al rescate de mi chica. Qué más podía pedir.

Quedarse con los brazos cruzados: no hacer nada.
***Arma letal**: Lethal Weapon*, película estadounidense de 1987.
La verdad: sinceramente, expresión coloquial.

Lecturas en español de ENIGMA Y MISTERIO

V

EL silencio era total en cuanto el profesor de Literatura del siglo XIX atravesaba la puerta. Todos estábamos pendientes de sus palabras. Era un tipo de aspecto extraño. **Debía de tener** unos cincuenta años. Tenía el pelo **canoso** y largo. Vestía con grandes camisas de colores **chillones** (verdes, amarillas, rojas, rosas) que llevaba por fuera del pantalón. Solía lucir largas bufandas negras que le llegaban hasta la cintura. Tenía una forma de hablar fascinante; sus palabras **te envolvían**. Sin embargo, no era amable ni simpático. Humillaba a los alumnos que no respondían con acierto a sus preguntas. Por todo eso, todos los estudiantes le admirábamos y le temíamos a la vez.

—El Romanticismo del siglo XIX —explicaba el profesor con voz apasionada— es una nueva mentalidad, una nueva forma de pensar. Los románticos creen que el mundo solo puede cambiar por medio de la **rebeldía**. Hay que rebelarse para cambiarlo todo. El rebelde se opone a las normas de la sociedad, a las leyes, a las costumbres de los **burgueses**. Eso es lo que hace falta hoy también: rebeldía. Lord Byron, poeta inglés, abandonó su fama y su riqueza para luchar por la libertad de Grecia; Espronceda formó una sociedad secreta para matar al rey Fernando VII. Y, si no se puede hacer nada, lo mejor es matarse, como **Larra**. O todo o nada. ¿Son ustedes románticos? —nos preguntaba y dejaba un silencio—. ¿Son ustedes rebeldes? ¿Van a crear ustedes un mundo nuevo? No, creo que no.

Al acabar la clase, el doctor Otero Ponto recogía su apuntes.

Debía de tener: *deber* + *de* + infinitivo indica posibilidad (como aquí), pero *deber* + infinitivo indica obligación ("debes hacerlo bien").
Canoso: con canas, pelo gris o blanco por la edad.
Chillón: (color) fuerte, que llama la atención.
Te envolvían: hablaba de tal forma que no se podía dejar de atender. Es una metáfora.
Rebeldía: acción de enfrentarse a normas de cualquier tipo.
Burgués: que pertenece a la burguesía, grupo de personas con buena posición social.
Larra: Mariano José de Larra, escritor español que se quitó la vida en 1837.

—Perdone, profesor —dijo Luis acercándose a él. Yo me escondía tras su espalda.

—Usted no es alumno mío —respondió Otero Ponto—. ¿Qué quiere?

—No. No soy alumno suyo. Soy detective privado.

¡Detective privado! Yo no sabía dónde esconderme.

—¿Qué quieren ustedes? —nos preguntó mirándome a mí también.

—Verá, profesor —empecé a hablar—, perdone que le molestemos. ¿Recuerda usted a Elvira? Una chica que se sienta en primera fila, que casi siempre responde a sus preguntas.

—Sí, por supuesto, Elvira Marín. Claro: una alumna brillante, sin duda.

—Ha sido raptada —intervino Luis.

—¿Cómo? ¿Lo sabe la policía? —preguntó él.

—Sí, por supuesto —intervine.

—¿Y qué quieren ustedes de mí, señores detectives? —dijo con tono de burla—. Elvira es una joven con ideas muy interesantes, de los pocos alumnos que tienen algo que decir. Por eso hablo con ella al acabar las clases y con los demás no. Espero que se resuelva pronto. ¿Quién iba a raptar a una chica normal y corriente? —dijo, hablando para sí mismo.

Parecía que poco más nos podía decir el profesor Otero Ponto. Eso sí: ya sabíamos el apellido de Elvira: Marín, Elvira Marín.

—Nosotros no sabemos nada tampoco. No tenía amigos, no hablaba con mucha gente —intervine yo.

—No me extraña —comentó Otero Ponto con cierto desprecio.

—En fin, muchas gracias, profesor. Continuaré con mis investigaciones —dijo Luis.

—Pues muy bien —contestó, pero, cuando parecía que no iba a decir nada más, nos miró fijamente a la cara por primera vez en nuestra conversación—. Tengan mucho cuidado, señores detectives.

Lecturas en español de ENIGMA Y MISTERIO

Después, recogió sus cosas y se marchó.

—¿Detective privado? —le dije a Luis mirándole **con cuchillos en los ojos**.

—Claro, **se lo ha tragado**. Pero, ahora, a la secretaría de la Facultad. Consultaremos los archivos.

—¿Cómo? **¿Nos colamos por la cara** y ya está?

—Elemental, querido Watson.

Había poca gente en la secretaría de la facultad. Esperamos a que los alumnos que estaban en la ventanilla acabaran y nos acercamos.

—Esta vez —le pedí a Luis—, no vuelvas a decir que eres detective.

—No, tranquilo, tengo otro plan mejor. Yo los despisto y tú te cuelas.

Sin más explicaciones, se acercó a la ventanilla. Una mujer mayor, con gafas y de aspecto antipático, consultaba unos papeles. Entonces, Luis se tiró al suelo. Empezó a **patalear**, a rodar, a hacer ruidos extraños con la boca. Entendí la señal. Dos mujeres más salieron de dentro de la oficina y yo atravesé la puerta. El ordenador estaba encendido. **Pinché** en alumnos y **tecleé** el apellido "Marín", nombre: "Elvira".

—¡Ayúdenme! ¡Algo me come por dentro! —gritaba Luis.

—¡Pero, chico, cálmate! —le decían.

Cada vez se oían más voces. Para distraer a cuatro personas, Luis estaba haciendo venir a toda la facultad.

"¿Consultar expediente?", preguntaba la pantalla. Sí. Nueva en la Universidad de Salamanca, proveniente de la Universidad de

---

Con cuchillos en los ojos: enfadado; es una metáfora.
Se lo ha tragado: se lo ha creído.
Colarse: pasar a un lugar sin permiso. Sin pronombre, el verbo *colar* significa pasar un líquido por una rejilla para quitarle algo sólido que flota en él.
Por la cara: sin permiso, refuerza la expresión anterior; significan lo mismo "por el morro" o "por la jeta".
Patalear: dar golpes con los pies en el suelo.
Pinchar: pulsar usando el ratón en la pantalla del ordenador.
Teclear: escribir con un teclado, en este caso de ordenador.

LAS TINIEBLAS DE SALAMANCA

Oviedo, sus notas eran brillantes. Rápidamente, cogí un **boli**, arranqué un papel y anoté: "Elvira Marín Ruiz, calle de Brocense, número 8, segundo B…".

–¡Voy a llamar a urgencias! –oí la voz de alguien.

Entonces, salí corriendo. Cuando Luis me vio fuera, fingió que se encontraba mejor.

–¡No! –gritó–. No llamen a urgencias. Ya, ya, ya estoy mejor.

–Perdonen –dije mientras le ayudaba a levantarse–. A veces le dan estos ataques. Pero no es grave. Venga, vámonos, Luis. Gracias, gracias, ya me encargo yo.

Mientras salíamos de la facultad, me preguntó:

–¿Qué? ¿Qué has averiguado? ¿Has visto mi actuación? Se lo han tragado todo…

–Sí, mira, esto es lo que sabemos.

Le mostré los datos.

–¡Muy bien! Vamos para allá.

La calle de Brocense estaba en el centro de la ciudad. El número 8 se encontraba entre dos edificios: el del Banco de España y el de la Agencia Tributaria, dos edificios que, como muchos de la ciudad, parecían palacios. Llegamos corriendo. "¿Quién sabe?", pensaba yo, "**tal vez Elvira esté** en su casa. Me verá y me dará un abrazo. Todo ha sido un malentendido", me dirá. "Cenemos juntos esta noche". Pero tal vez Elvira no estuviera y, entonces, ¿qué haría yo?

Nadie respondió. Cuando ya nos íbamos, la puerta del portal se abrió y apareció el **portero**.

–Disculpe –esta vez hablé yo–, estamos buscando a una amiga de la facultad. Es que hemos quedado con ella para hacer un trabajo hoy y nos ha dado esta dirección. Se llama Elvira, es morena…

Boli: bolígrafo. La palabra se forma por apócope; es decir, al suprimirle sonidos al final de otra palabra, como ocurre con *bici* (de *bicicleta*) o *tele* (de *televisión*).

Tal vez esté: *tal vez* + subjuntivo: esta expresión y otras similares (*quizás* + subjuntivo; *puede que* + subjuntivo) expresan duda.

Portero: persona que, entre otras tareas, vigila la entrada y salida de los que no viven en el edificio.

—No, aquí no es, chico —contestó el portero amablemente—. Te lo digo con toda seguridad porque en esta casa ya solo vive gente mayor. Lo siento.

¿Dónde estaba Elvira? ¿Por qué su dirección era falsa?

—Bueno —dijo Luis—, como dice Scarlett O´Hara en **Lo que el viento se llevó**: "mañana será otro día". Quedaremos con Tino. A ver qué nos cuenta.

—Pues habrá que esperar. Yo me voy a clase —dije.

Mi voz debió de sonar tiste, porque Luis me dio una palmada en la espalda e intentó **consolarme.**

—Tranquilo, todo saldrá bien.

Por la noche, volví a la Pensión Bocacara cansado. Había pasado la tarde dando vueltas por la ciudad, buscando el rostro de Elvira en el de todas las personas con las que me cruzaba. Flor me recibió con su olor a sopa de **cocido**. Aquella casa siempre olía a sopa de cocido y eso me daba hambre y tranquilidad.

—Vaya cara que traes, Germán, **hijo**. Anda, siéntate a cenar. Por cierto, ha llegado una carta para ti.

"Mis padres", pensé, "solo ellos siguen enviando cartas". Pero no.

Al ver el sobre, mis manos temblaron. Tuve que apoyarme en la pared para no caerme. En una esquina estaba grabado este signo:

Abrí la carta entre temblores y leí esto:

¡Cuidado! El cuchillo te atravesará el corazón.

Lo que el viento se llevó: *Gone with the Wind,* película estadounidense de 1939.

Consolar: ayudar a que se sienta mejor alguien que está sufriendo.

Cocido: comida típica de Madrid, pero extendida por toda España. Consiste en una sopa, garbanzos y carne.

Hijo: expresión cariñosa.

VI

TINO Mendoza nos había citado cerca del Palacio de Monterrey, en un bar pequeño y sucio que siempre olía a tabaco, el bar de Ambrosio. Ese bar le gustaba también a Luis, porque, según decía él, ponían un cocido espectacular. Yo estaba nervioso, miraba a todas partes temiendo que aparecieran los dos **gorilas** que raptaron a Elvira. Por la noche, había soñado con los ojos de ella, con su mano pálida que se acercaba hacia mí y se alejaba de pronto.

—Hola, chavales —saludó el policía mientras se sentaba. Llevaba el mismo traje del día anterior, con la misma corbata y la misma mancha. Seguía oliendo a cebolla.

—Bueno, ya me ha dicho Luis que estáis investigando —siguió diciendo—. Muy bien, muy bien. Vosotros os podréis enterar de más cosas que yo en la universidad. Además, no tengo mucho tiempo ahora. ¿Qué habéis descubierto?

Luis le resumió lo que sabíamos, que Elvira no vivía donde decía su ficha y la conversación con el profesor Otero Ponto.

—Bueno, ¿hay alguna novedad? —le pregunté bruscamente.

—Sí, sí, hay algo. El signo del collar. Atentos, que esto es bueno. Ese signo pertenece a un grupo llamado los montemarinos. Es una especie de **secta** o algo así.

Tras sus gafas, le brillaban los ojos.

Gorilas: animal de la especie de los monos pero más grande y fuerte que éstos. Aquí es una metáfora.

Secta: grupo de seguidores o fieles de unas ideas que imitan a las religiones. Son grupos minoritarios, ocultos y, a menudo, peligrosos y prohibidos.

Lecturas en español de ENIGMA Y MISTERIO

—Yo no había oído hablar de ellos —continuó—. He hecho un par de llamadas. Al parecer, es una sociedad secreta que se fundó en los años 70. Tienen algo que ver con un libro muy famoso: *El estudiante de Salamanca*.

—¿*El estudiante de Salamanca*, de José de Espronceda? Lo estamos dando ahora en Literatura del XIX —dije sorprendido.

—Yo lo leí en el **instituto** —se unió Luis.

—¿Cómo has dicho que se llaman los tíos esos? —pregunté.

—Montemarinos.

—¿Montemarinos? Como el protagonista del libro: don Félix de Montemar.

—¡Claro! —exclamó Luis—, Monte-Mar, como el símbolo: la onda es el mar y los ángulos, las montañas.

—Sí —dije—. Además, los dos ángulos unidos forman una eme, de Montemar.

—Pero, ¿quién es ese Montemar?

—Don Félix de Montemar y Elvira, ¡Elvira! —dije pensando en voz alta.

—¿Cómo, cómo? ¿Elvira?, como tu chica. A ver: ¿**de qué va** ese libro? —dijo Tino Mendoza.

—Pues **va de** un estudiante de Salamanca, don Félix de Montemar —empecé a contar—. Es un **seductor**; vamos: un **don Juan**. Seduce a mujeres que después abandona. Además, es el mejor con la espada. Claro, con todo eso, es un tipo famoso en la ciudad de

---

Instituto: centro de enseñanza secundaria (de los doce a los dieciocho años).
De qué va: expresión que se usa para preguntar por el argumento de una obra.
Va de: expresión que se usa para empezar a contar el argumento de una obra; "el libro va de un hombre…".
Seductor: hombre que enamora a las mujeres con facilidad para tener relaciones sexuales con ellas.
Don Juan: Don Juan Tenorio. Es el mejor ejemplo de seductor que enamora a las mujeres y después las abandona. Solo le preocupa el presente, nada le asusta y vive al margen de las normas morales. Es el modelo de héroe del Romanticismo.

LAS TINIEBLAS DE SALAMANCA   23

Salamanca. Hace lo que **le da la gana** cuando le da la gana. No tiene miedo, no respeta a nadie, solo piensa en el presente.

–Espera, espera un momento –me interrumpió Luis–. Eso me recuerda a lo que dijo ayer tu profesor: todo aquello de la rebeldía…

–¡Sí! –exclamé–. ¡Muy bien, Luis! Hoy estás acertado, no pareces tú –bromeé–. Así es. De hecho, es uno de las obras favoritas de Otero Ponto. Ha publicado varios libros sobre José de Espronceda y otro sobre esta obra.

–Sigue, chaval, sigue –dijo Tino Mendoza, mientras anotaba algo en su libreta.

–El caso es que este don Félix se liga a doña Elvira. Ya os imaginaréis lo que pasa: le promete que la ama de verdad, que se casará con ella y todo eso, pero, después, la abandona, así que la pobre chica, cuando se ve sola y engañada, se vuelve loca y acaba muriendo.

–¿Muere de amor? –interrumpió Tino–. Ninguna mujer muere de amor. Eso solo pasa en las películas… Da igual, sigue.

–A ver. Déjame pensar… Don Félix va por la calle del Ataúd. Todo está oscuro…

–¿La calle del Ataúd? –volvió a interrumpir Tino Mendoza–. Perdona, sigue. Y **ve al grano**.

–Vale. A ver: cuando va por esa calle, ve un **fantasma.**

–¿Cómo que un fantasma? –preguntó el inspector Mendoza.

–Sí, bueno, él ve a una mujer vestida de blanco, a la que no se le ve la cara, pero Montemar se imagina que debe de ser una dama hermosísima, así que decide seguirla. Entonces, empiezan a pasar cosas raras: se encuentra con su propio **entierro**…

–Y aun así no se asusta –interrumpió ahora Luis, recordando su lectura de la obra.

–No, es un héroe romántico, nada lo detiene. Sigue a la mujer,

---

Dar la gana: hacer lo que uno quiere.

Ir al grano: centrarse en lo importante.

Fantasma: espíritu de una persona muerta.

Entierro: acto de enterrar: poner bajo tierra a un muerto.

Lecturas en español de ENIGMA Y MISTERIO

pero cada vez la ciudad se va volviendo más extraña. Aparecen más fantasmas, suenan ruidos raros, se ven **esqueletos**… Al final, llegan a una escalera y, cuando bajan por ella, todo se vuelve horroroso: **cráneos** que chocan, ruidos de huesos…

—Como si bajaran al infierno, ¿no? —dijo Tino Mendoza.

—Sí, eso mismo. Cuando por fin puede verle la cara a la mujer, descubre que es un esqueleto. En ese momento, todo se llena de muertos que repiten "es su esposo, es su esposo". Están ahí para que don Félix cumpla su palabra y se case con Elvira.

—Ella es el fantasma, ¿no? —comentó Luis.

—Sí, claro. El fantasma es Elvira. Como don Félix de Montemar nunca **se echa atrás**, acepta el casamiento. El tío dice algo así como "si está muerta, es mejor, así no me cansará". Entonces, el fantasma de Elvira, que ahora es una horrible **calavera** con trozos de carne colgando entre los labios, abraza a don Félix, intenta besarlo. Él quiere soltarse, pero no puede, ya es demasiado tarde. En ese último momento, no se arrepiente de sus **pecados**, así que muere condenado a estar en el infierno para toda la eternidad.

El inspector Mendoza y Luis bebieron en silencio los últimos sorbos de su café.

—En resumen —dijo Tino Mendoza—: un ligón que le promete a una chica casarse con ella para llevársela a la cama. No cumple lo prometido. Ella muere, pero vuelve del más allá para arrastrarlo al infierno. Es eso, ¿no?

—Sí, es eso —dije—. Más o menos.

—Oye —intervino Luis—, ¿qué ha dicho tu profesor sobre Espronceda?, que creó una sociedad secreta o algo así, ¿no?

—Sí, se llamaba Los Numantinos. Espronceda fue un auténtico romántico: estuvo exiliado, participó en París en la revolución

---

Esqueleto: conjunto de los huesos de una persona o de una animal.
Cráneo: huesos de la cabeza que protegen el cerebro.
Echarse atrás: dejar de hacer algo por miedo o respeto.
Calavera: conjunto de huesos de la cabeza sin la piel ni la carne.
Pecados: malos actos cometidos. Tiene sentido religioso.

de 1830, se fugó con una mujer casada que después lo abandonó…
Una vida breve, pero intensa.

El camarero se acercó a nuestra mesa y empezó a retirar las tazas. Tino Mendoza miró su reloj.

–Bueno, chavales –dijo–, me tengo que ir. Seguiré preguntando por ahí, consultaré ficheros y otras cosas. Mientras, vosotros id a la biblioteca de la universidad, a ver qué podéis averiguar. También investigaré a ese profesor, Otero Ponto, que nunca se sabe.

Dejó sobre la mesa unas monedas según se levantaba. Antes de ponerse el abrigo, dijo:

–Pero una cosa os digo: tened mucho cuidado. Este asunto puede ser peligroso.

–Sí –dije–. Anoche recibí una carta en la pensión con el signo de los montemarinos. Decía que un cuchillo me atravesaría el corazón.

Los dos se me quedaron mirando. Parecía que habían visto un fantasma.

–Intentaré ponerte protección. Aunque a ti no te lo parezca, habrá alguien protegiéndote. En estos casos, es lo mejor, para no poner en peligro la vida de la chica secuestrada.

Mientras se colocaba un gorro de lana en la cabeza, Tino Mendoza volvió a hablar:

–Ya os lo digo: lo mejor que podéis hacer es dejar esto. Si seguís adelante, no hagáis nada sin que yo me entere, ¿de acuerdo?

Después, se dio la vuelta y salió por la puerta.

–Tú decides, Luis –le dije cuando nos quedamos solos.

–No, amigo, tú decides. Yo estoy contigo. ***Dos hombres y un destino***.

Me quedé pensativo. ¿Qué debía hacer? Tino Mendoza me había dicho que me protegerían. Además, yo quería encontrar a Elvira. Antes de la noche en que se la llevaron, me había imaginado

---

Dos hombres y un destino: *Butch Cassidy and the Sundance Kid*, película estadounidense de 1969.

Lecturas en español de ENIGMA Y MISTERIO

mil cosas sobre ella: cómo hablaría, qué le gustaría, cómo sería su voz, su forma de pensar. En las dos horas que pasamos juntos, descubrí que era tal y como la había imaginado. Me había enamorado, sí, pero de la chica perfecta para mí. No quería renunciar a ella.

—Entonces, seguimos. **Al fin y al cabo**, un estudiante leyendo libros en la biblioteca es lo más normal del mundo —dije.

Luis sonrió. Mi amigo aún seguía viendo todo aquello como una película. La verdad es que, para él, la vida era aburrida. Sin embargo, ahora podía vivir una aventura como las del cine.

Al fin y al cabo: después de todo.

VII

PASÉ la mañana siguiente en la biblioteca de la facultad. Mientras, Luis fue al archivo municipal, donde buscaba algo referente a los montemarinos. Él solía consultar la **hemeroteca** en busca de sucesos curiosos y leyendas urbanas. Sabía nadar en esos mares sucios. Yo había pedido dos libros de Otero Ponto sobre Espronceda y *El estudiante de Salamanca*. Estaba leyendo uno de ellos cuando, al levantar la mirada, vi al profesor entrar en la biblioteca. Iba decidido hacia el mostrador en el que atendía la **bibliotecaria**, pero me vio y se detuvo. Se fijó en lo que yo estaba leyendo. Fingí no haberlo visto. Él se dio la vuelta y se marchó andando deprisa. Ya lo he dicho antes, no soy un hombre valiente ni decidido, pero toda esta historia me estaba dando fuerzas nuevas. Recogí mi cuaderno lleno de anotaciones y los libros y seguí al profesor. ¿Por qué se había ido al verme?

Caminaba detrás de él, pero a cierta distancia. Salió de la facultad y caminó hacia la Plaza Mayor. La atravesó y cruzó por la puerta que da a la calle Zamora. Anduvo un poco más, con paso rápido, sin detenerse y, al llegar a la esquina del Banco de España, se metió en una calle estrecha. El Banco de España… la calle de Brocense, donde vivía Elvira. Me quedé en la esquina, mirando dónde se detenía y, como yo esperaba, lo hizo en el mismo portal en el que habíamos estado Luis y yo, el número 8. Me acerqué hasta allí. En la puerta estaba el mismo portero de la otra vez, así que pasé de largo y caminé hasta el Parque de la Alamedilla. Su estanque, rodeado

---

Hemeroteca: biblioteca en la que se guardan periódicos.
Bibliotecario,-a: persona que se ocupa del cuidado, orden y servicio de una biblioteca.

Lecturas en español de ENIGMA Y MISTERIO

de árboles, era un lugar perfecto para **relajarme**. Me senté en un banco. A mi lado pasó un hombre vestido con una gabardina. Me llamó la atención porque me recordó a los detectives de las películas de **cine negro**. Toda esta historia de Elvira me estaba afectando demasiado: ¡hasta veía detectives en los parques!

Relajarse: descansar y calmarse.
Cine negro: películas policíacas estadounidenses de los años 40 y 50, como *El halcón maltés* (*The Maltese Falcon*, 1941).

VIII

LA cafetería de la facultad de Filología es un lugar en el que sirven tapas ricas y, además, se come bien y a un buen precio. Allí estábamos Luis y yo. Le conté lo que había descubierto al seguir a Otero Ponto.

–¿Y tú? ¿Alguna novedad? –le pregunté.

–Sí, amigo Germán, por supuesto. ¿A que tú no sabías que antes había una ruta turística que se llamaba "Salamanca misteriosa"?

–No. ¿Hace cuánto? Yo vivo aquí desde hace cuatro años –contesté.

–Al parecer, tenía mucho éxito, pero consultando periódicos de la época, he descubierto que la suspendieron hace más de treinta años. ¿A que no sabes por qué?

–Ni idea.

–Escucha: la ruta era nocturna. Recorría lugares de la ciudad que ocultan secretos y leyendas, pero una noche, al pasar por la Plaza Mayor, una joven, que hacía la ruta con un grupo de turistas, fue raptada. Según contaron los testigos, el secuestro ocurrió a las doce, cuando el reloj acababa de dar sus doce campanadas.

–¡Como a Elvira!

–Sí. La policía relacionó los hechos con la ruta misteriosa, que fue cancelada. El guía turístico fue detenido, pero no se encontraron pruebas contra él. Era un tal Manuel Robledal, un estudiante de la universidad.

–¿Y lo pusieron en libertad? –pregunté.

–Sí, pero la cosa no acaba ahí. Después… desapareció. No se volvió a saber nada más de él.

30   **Lecturas en español de ENIGMA Y MISTERIO**

—Vaya. Desde luego, con el tal Manuel Robledal no podremos hablar —comenté.

—No. Pero tengo algo que nos puede servir: la ruta.

—¿Qué ruta? —pregunté.

—El recorrido que él hacía como guía. Muchos turistas querían saberlo, así que el Ayuntamiento publicó un folleto con los lugares que se visitaban y los comentarios del guía. De esa forma, cualquiera podía hacerla por su cuenta. Mira: aquí lo tienes.

Y así era. Luis había fotocopiado el folleto. En la portada había una foto de la fachada de la Universidad y, con letras alargadas, estaba escrito: "Salamanca misteriosa, por Manuel Robledal, estudiante de Salamanca".

—Ya sabes lo que vamos a hacer esta noche, ¿no? —me dijo Luis con un brillo en los ojos.

—¿A las doce?

—Sí, a las doce es buena hora —contestó—. Se lo diré a Tino por si quiere venir con nosotros.

—Vale. Por cierto, no te des la vuelta —inmediatamente Luis se giró—. ¡No! ¡No mires! Ahí detrás hay un hombre que me ha estado siguiendo. Lleva una gabardina. No sé. ¿Será un policía que me protege o...?

Luis no contestó. En su cara vi un gesto de preocupación, pero dijo:

—Seguramente, ya te lo dijo Tino.

IX

LAS doce de la noche. Un nuevo día empezaba. Algo me daba vueltas en la cabeza: el rosto de Elvira. ¿Y si la imagen que yo recordaba no era real? ¿Y si me cruzaba con ella y no la **reconocía**? Y lo peor de todo: ¿y si olvidaba su cara para siempre? ¿Y si no volvía a verla?

Un olor a cebolla me devolvió a la realidad. Tino Mendoza y Luis llegaban puntuales a nuestra cita nocturna. Habíamos quedado ante la fachada de la Universidad, ya que era ahí donde comenzaba el recorrido que treinta años atrás hacía un hombre llamado Manuel Robledal.

–Bueno, ya me ha contado Luis lo que sabéis –empezó a hablar Tino Mendoza–. A ver: estas sociedades secretas suelen esconderse en algún lugar. Para llegar hasta él dejan pistas ocultas. Si ese Manuel Robledal tuvo algo que ver con los montemarinos, en el recorrido tiene que haber signos escondidos. ¿Por dónde empezamos?

Era una noche cualquiera. En la calle tan solo quedaban algunos estudiantes que se marchaban a casa. Hacía frío y la ciudad se quedaba **desierta**.

–Por aquí: por la fachada –habló Luis–. Es el primer punto del recorrido. Os leo lo que dice –empezó a leer con rapidez–: "es la segunda universidad más antigua de España, de 1218"… "Fachada del siglo XVI, estilo plateresco"… "Destaca su rica decoración"… "La tradición más famosa…".

–Eso, eso nos interesa –interrumpió Tino Mendoza.

Reconocer a alguien: darse cuenta de quién es.
Desierta: sin nadie, como un desierto.

Lecturas en español de ENIGMA Y MISTERIO

—"La tradición más famosa entre los estudiantes es la de que hay que encontrar una **rana** entre todos los adornos de la fachada. Se dice que, si el estudiante no la encuentra, no aprobará". Yo sé dónde está —dijo Luis con entusiasmo.

—Y yo. Todos los estudiantes lo saben. Ahí arriba —señalé—: sobre la calavera.

—Sí, sí, y yo —interrumpió Tino Mendoza—. Lo interesante de la rana es que no estaba cuando se acabó la fachada. Es un elemento que se añadió más tarde.

—Pues eso mismo dice aquí —comentó Luis sorprendido por los conocimientos del policía.

—Claro —afirmó Tino Mendoza—. El misterio está en qué relación hay entre la calavera y la rana. Si es una pista, debe de haber alguna marca más, pero no tan arriba. Estará abajo, donde pueda verse con más facilidad.

Nos acercamos los tres hasta la fachada. Empezamos a mirar la piedra iluminada por los focos.

—¡Aquí, aquí! —grité yo.

Efectivamente, junto a las grietas de dos bloques de piedra, casi borrado, estaba el signo de los montemarinos. Pero no era idéntico al que habíamos visto otras veces. Ahora el dibujo era este:

Los tres nos miramos **atónitos**. La luz artificial hacía que los ojos de Tino Mendoza brillaran intensamente.

—¡Sí, sí! —exclamó emocionado.

—Pero, ¿qué significa la raya? —preguntó Luis.

Rana: tipo de animal.
Atónitos: muy sorprendidos.

LAS TINIEBLAS DE SALAMANCA

—No lo sé —reconoció el inspector—, pero es importante, sin duda. Las sociedades secretas no cambian sus signos si no es por un buen motivo. Chavales, estamos ante algo interesante.

—¿Y ahora? —preguntó Luis.

—¿Qué otros monumentos se visitaban en ese recorrido? —preguntó Tino.

—A ver: el Palacio de Monterrey, la Catedral Nueva, la Catedral Vieja, la Casa de las Muertes…

—¡Ahí! —interrumpió Tino Mendoza—. ¡La Casa de las Muertes! Se llama así por las cuatro calaveras que decoran las ventanas. —¡Calaveras! ¡La rana de la Universidad está sobre una calavera! ¡Vamos!

Andábamos deprisa. Tan solo se oía el sonido de nuestros pasos y de nuestros **susurros**. A lo lejos, se oyó la **campana** de alguna iglesia. Antes de **doblar una esquina**, sonaron pasos rápido, alguien corría a nuestro encuentro.

—¿Habéis oído eso? —pregunté tímidamente.

—No —respondieron los dos.

Los pasos pararon. Al doblar la esquina, no había nadie. Estaba claro que, de los tres, yo era el menos valiente, o el más cobarde.

Al fin llegamos al edificio que buscábamos. Encima del balcón principal, había dos ventanas: una a la derecha y otra a la izquierda. Debajo de ellas, estaban las calaveras. Se veían claramente a la luz de los focos.

—"La Casa de las Muertes —empezó a leer Luis el folleto fotocopiado— debe su nombre…".

—Sí, sí, sí. La leyenda del noble que mató a su mujer ahogándola en la sangre de sus amantes —le interrumpió excitado Tino Mendoza— ¡Ella se lo merecía! Pero eso nos da igual. Venga, no perdamos tiempo. Buscad en la fachada.

No tardamos mucho en descubrir otro nuevo signo. Trazando

Susurros: palabras pronunciadas en voz baja.

Campana: instrumento de metal que suena al ser golpeado.

Doblar una esquina: pasar al otro lado de una esquina.

Lecturas en español de ENIGMA Y MISTERIO

una línea imaginaria debajo de una de las calaveras, estaba lo que buscábamos. Esta vez, el signo tenía también algo diferente. Era así:

—Ahora la línea está al otro lado —observó Tino Mendoza.

—Juntando las dos líneas, forman otra vez dos lados de un ángulo, como los que hay sobre la línea ondulada —comenté yo.

—Las sociedades secretas —nos explicó el policía— suelen elegir formas geométricas: el cuadrado, el círculo, el rombo... Las formas geométricas son regulares, son perfectas. En el caso de los montemarinos, está claro que su forma es el triángulo.

—Entonces —dije yo—, tenemos dos puntos: este y la Universidad. Nos falta el tercero.

—Pues veamos —leyó Luis—: el Convento de las Dueñas, el de San Esteban, la Iglesia de Santo Tomás de Canterbury, la Torre del Clavero y la Plaza Mayor, donde acaba el recorrido.

Esta vez, Tino Mendoza no tenía ideas brillantes. Se apartó un momento de nosotros. Le oímos pensar en voz alta:

—Una calavera lleva a otra. ¿Otra calavera? No. Demasiado fácil, demasiado fácil... Piensa, Tino, piensa: calavera, triángulos, ondas, mar... Un mapa, necesito un mapa... ¿Tenéis un mapa? —nos preguntó.

—Sí, aquí, en el folleto.

Nos acercamos a la luz de una farola.

—Veamos —dijo Tino Mendoza tomando el mapa en su mano—: tiene que ser un lugar que esté a la misma distancia de la Universidad que de aquí, de la Casa de las Muertes. Seguro que es un triángulo equilátero, con los tres lados iguales.

El inspector sacó del bolsillo de su abrigo un bolígrafo. Se apoyó en un buzón de correos y dibujó sobre el mapa una línea que unía

LAS TINIEBLAS DE SALAMANCA   35

la fachada de la Universidad con la Casa de las Muertes. Después, empezó a trazar líneas con el dedo de la misma longitud hacia diferentes direcciones.

–No, no, no... ¿aquí? No, tampoco... –decía.

Un hombre pasó detrás de nosotros y siguió su camino.

–¡Ya lo tengo! –exclamó al fin Tino Mendoza, señalando con su dedo un punto exacto del mapa–. La Torre del Clavero. Ahora lo veréis.

Corrimos hasta allí. Nuestros pasos sonaban en el eco de las piedras de Salamanca.

Cuando estuvimos ante la Torre del Clavero, los tres estábamos **resoplando**. A mí me parecía que el corazón se me iba a salir por la boca.

–Esta es la Torre del Clavero –dijo Luis recuperando el aliento–. Según dice aquí: "torre defensiva de la Edad Media...".

Su base era cuadrada, pero, hacia la mitad de la construcción, se convertía en un edificio de ocho lados, con **garitas** en cada uno de ellos.

–Fijaos arriba –señaló Tino Mendoza con el dedo–. En el centro de cada lado hay un **escudo**: en total, ocho escudos.

–Se repiten de dos en dos –indicó Luis.

–Sí, son dos escudos distintos. Cada uno aparece cuatro veces. Ese es el que nos interesa.

Desde abajo, se distinguía un **escudo de armas** en el que estaban dibujadas rayas onduladas.

–¡Ondas!, como el signo de los montemarinos –dije yo.

Resoplar: respirar con fuerza y rapidez a causa del cansancio.

Garita: pequeña construcción alargada que se une a una muralla o una torre. Es donde se colocan los vigilantes.

Escudo: aquí se refiere al *escudo de armas*, placa en la que aparecen las figuras con las que se reconoce el apellido de una familia noble.

Escudo de armas: imagen que represente a un grupo.

Lecturas en español de ENIGMA Y MISTERIO

—¡Claro! Este tiene que ser el tercer punto del triángulo —afirmó Tino—. Venga, rodeemos la torre a ver si encontramos otra señal.

Efectivamente, no tardamos mucho en dar con ella. Era esta:

—La base del triángulo —susurré.

Entonces, se oyeron unas voces detrás de nosotros. No distinguí lo que decían, pero estaba claro que había alguien. Los tres las oímos y nos giramos. Nadie.

—¿Qué ha sido eso? —pregunté en voz baja.

Tino y Luis no respondieron.

—Venga, venga —dijo el policía—. No pasa nada. Ya tenemos el triángulo. Déjame ver el mapa.

Tino Mendoza puso el mapa sobre una pared. Con su bolígrafo trazó las líneas que unían los tres edificios: la Universidad, la Casa de las Muertes y la Torre del Clavero, donde estábamos. Formaban un triángulo perfecto.

—¿Y ahora? —preguntó Luis. Su voz temblaba ligeramente.

—Pensemos —dijo Tino—. Esta gente eligió tres edificios conocidos para grabar sus signos. El lugar que buscamos tiene que ser otro edificio importante de la ciudad.

—¿El bar de Ambrosio? Ponen un cocido espectacular —comentó Luis.

Ante la tontería, simplemente, no contestamos.

—A ver —siguió razonando Tino—: a ellos les gustan las formas geométricas. La suya es el triángulo...

—¿Qué hay en el centro del triángulo? —pregunté.

—En el centro del triángulo está... —dijo Tino Mendoza.

—¡La Casa de las Conchas! —exclamé.

Sí, así era. En el mapa se veía claramente: en el centro del triángulo se encontraba la Casa de las Conchas, probablemente el edificio más famoso de la ciudad después de las catedrales y de la Universidad.

–¡Claro! –exclamó Tino–. Pensadlo: ondas, como el mar, como Montemar. Conchas, relacionadas con el mar.

–Tiene sentido –dijo Luis asombrado.

Fue entonces cuando con claridad distinguimos el sonido de unos pasos acercándose hacia nosotros.

–Viene alguien. ¿Qué hacemos? –pregunté yo llevándome la mano al corazón.

–Probablemente no será nadie –afirmó Tino–. Pero, por si acaso, cada uno iremos a la Casa de las Conchas por un camino diferente. Nos vemos allí en diez minutos.

Luis y yo nos miramos. A ninguno de los dos nos hacía gracia la idea de ir solos.

–Vale –dijimos los dos y dejamos que Tino Mendoza se diera la vuelta.

Cuando dobló una esquina, nosotros empezamos a andar juntos. Nunca había visto la ciudad como en ese momento. Salamanca era para mí un lugar tranquilo. Sus calles, su historia en cada piedra, su ambiente universitario hacían que me sintiera en ella como en casa. Sin embargo, ahora me parecía que las farolas me señalaban, que cada ruido era una amenaza, que toda la ciudad me advertía de algún peligro.

–¿Tú tienes miedo? –le pregunté a Luis.

–¡Yo! ¡No! ¿Por quién **me tomas**? ¿Y tú?

–Yo sí. Todo esto… parece mentira. Es como estar dentro de una película –confesé.

–Sí. Eso es lo que me gusta. La vida suele ser aburrida, Germán. Cosas como esta son las que merece la pena vivir. Pero, si te digo la verdad, sí, tengo miedo. ¡Por supuesto que tengo miedo! Claro que, si no sientes nada, es porque no estás vivo, ¿no?

Tomar a alguien por algo o alguien: juzgar, pensar que alguien es de una manera determinada.

Lecturas en español de ENIGMA Y MISTERIO

Solo nos faltaba doblar otra esquina para llegar al lugar al que íbamos. Entonces se oyeron voces al otro lado.

—¡Para! —me detuvo Luis poniéndome la mano en el pecho.

Asomamos la cabeza por la esquina y miramos. Allí estaba Tino Mendoza hablando con tres hombres. No distinguíamos lo que decían.

—¿Qué hacemos? —susurró Luis.

No pude responder. Sentí un empujón brutal en mi espalda.

—¡Vamos! Los dos con vuestro amiguito —dijo una voz **ronca**.

Dos hombres enormes nos agarraron. En mi brazo sentía una mano de hierro.

Nos llevaron junto a Tino Mendoza. Allí estábamos los tres, rodeados por cinco hombres que, con la luz de la noche, parecían gorilas vestidos con abrigos oscuros.

—¿Qué hacéis aquí vosotros? —preguntó uno de ellos. Parecía que escupía las palabras.

Luis y yo mirábamos al suelo. Me temblaban las piernas, sentía que se me iban a deshacer.

—¡Tranquilos, hombre! —les habló Tino con una calma asombrosa—. No hacemos nada malo.

—Pues, si no es nada malo, contadnos lo que hacéis a esta hora por la ciudad.

—Claro, hombre…

No había acabado Tino su frase cuando se lanzó contra uno de ellos.

—¡Corred, chavales, corred! —gritó al tiempo que sacaba una pistola.

No lo pensamos dos veces. Echamos a correr como locos.

—Vosotros aquí quietos, tranquilitos —oímos que les decía Tino a los gorilas.

Ronca: grave, sonido contrario al agudo.

LAS TINIEBLAS DE SALAMANCA

¡Corred, chavales, corred!

No sabíamos hacia dónde íbamos. Solo corríamos. Atravesamos calles estrechas, pasamos por la Universidad, cruzamos la Plaza Mayor, seguimos corriendo hasta que ya no pudimos más.

Caímos sentados en un banco. Estábamos en una zona moderna de la ciudad, lejos de la Salamanca **fantasmal** que habíamos recorrido. El sudor nos caía **a chorros**, casi no podíamos respirar.

Fantasmal: relacionado con los fantasmas, que da miedo.
A chorros: se dice cuando un líquido cae con abundancia. Aquí es una exageración, una hipérbole.

–¿Nos seguirán? –pregunté cuando al fin pude hablar.

–No, no lo creo –contestó Luis como pudo.

–Oye, Germán –volvió a hablar mi amigo–, yo no quiero dormir solo hoy. ¿Tú crees que Flor me dejará una cama en la pensión?

–Pues, claro, ya sabes que sí. En mi habitación sobra una. Además, a mí tampoco me apetece estar solo. La Pensión Bocacara te recibirá con los brazos abiertos. Le diremos a Flor que has perdido las llaves.

–Menos mal –suspiró Luis aliviado–. Al fin y al cabo, no es la primera vez que me pasa eso.

–¿Cómo? ¿No es la primera vez que te **persiguen** los miembros de una asociación secreta mientras buscas a la chica de la que se ha enamorado un amigo tuyo?

Luis rio con ganas.

–No, Germán, no es la primera vez que pierdo las llaves y Flor me deja una cama.

Perseguir: ir detrás de alguien o algo para cogerlo.

DURANTE LA LECTURA

VAMOS A DETENERNOS UN MOMENTO...

1. Después de leer los nueve primeros capítulos, di si las siguientes frases son verdaderas (V) o falsas (F).

	V	F
I. A Elvira la raptaron antes de las doce de la noche.	☐	☐
II. Luis escribió un guion para una película.	☐	☐
III. A Tino Mendoza le gustaba su trabajo.	☐	☐
V. Otero Ponto enseñaba Literatura del siglo XIX.	☐	☐
VI. El protagonista de *El estudiante de Salamanca* es don Juan Tenorio.	☐	☐
VII. Manuel Robledal era guía turístico.	☐	☐
IX. Los tres edificios que tienen el signo de los montemarinos grabados son la Universidad, la Casa de las Muertes y la Torre del Clavero.	☐	☐

2. Escoge la opción correcta.

I. ¿Quién ha organizado la fiesta en la que Germán conoce a Elvira:
- ☐ *a)* Germán.
- ☐ *b)* Luis.
- ☐ *c)* Un amigo de Luis.

II. ¿Por qué Germán y Luis van a ver a Tino Mendoza?
- ☐ *a)* Porque Luis lo conocía y pensaba que podía ayudarlos.
- ☐ *b)* Porque Domingo Marcos les dijo que fueran a verlo.
- ☐ *c)* Porque fue el policía que atendió a Germán la noche en que raptaron a Elvira.

III. ¿Cómo se llama la pensión donde vive Germán?
- ☐ *a)* Pensión Río Tormes.
- ☐ *b)* Pensión Rana de Salamanca.
- ☐ *c)* Pensión Bocacara.

IV. ¿Con qué actor se compara Luis?
- ☐ *a)* Con Santiago Segura en *Torrente*.
- ☐ *b)* Con Mel Gibson en *Arma letal*.
- ☐ *c)* Con Harrison Ford en *Indiana Jones*.

V: ¿Qué hacen Germán y Luis para saber la dirección de Elvira?
- ☐ *a)* Luis finge un ataque y Germán se cuela en la secretaría.
- ☐ *b)* Germán dice que es el novio de Elvira y pide su dirección.
- ☐ *c)* Se la da el profesor Otero Ponto.

VI. ¿Por qué el signo de los montemarinos es dos ángulos sobre una línea ondulada?
- ☐ *a)* Por Montemar: la onda es el mar y los ángulos, el monte y también la letra eme.
- ☐ *b)* Significa que la vida es confusa, nunca es una línea recta.
- ☐ *c)* No se explica en la historia.

VII. ¿Qué está haciendo Germán en la biblioteca de la facultad de Filología?
- ☐ *a)* Estudiar para un examen.
- ☐ *b)* Leer el periódico.
- ☐ *c)* Leer dos libros del profesor Otero Ponto.

VIII. ¿Por qué fue cancelada la ruta de "Salamanca misteriosa"?
- ☐ *a)* Porque una chica fue raptada durante una de las visitas.
- ☐ *b)* Porque nadie quería hacerla.
- ☐ *c)* Porque durante el recorrido se practicaban la brujería y el satanismo.

IX. ¿Cómo consiguen escapar Luis y Germán de los hombres con los que se encuentran en la Casa de las Conchas?
- ☐ *a)* Pegándose con ellos.
- ☐ *b)* Tino Mendoza se enfrenta a ellos y los dos amigos escapan.
- ☐ *c)* No escapan, sino que los hombres se los llevan con ellos a una cueva.

3. ¿Cómo crees que va a continuar la historia a partir de aquí?

4. Cuando Germán ve a Elvira en la fiesta, empieza a sonar *Thunder Road*, de Bruce Springsteen. Intenta traducir los primeros versos al español. Si quieres, puedes escuchar la canción buscando en Youtube:

The screen door slams,

>*Mary's dress waves.*
>*Like a vision she dances across the porch*
>*As the radio plays,*
>*Roy Orbison singing for the lonely.*
>*Hey, that's me and I want you only,*
>*Don't turn me home again,*
>*I just can't face myself alone again.*

5. Germán dice que no se le da bien ligar con las chicas. ¡Vamos a enseñarle cómo se hace! A menudo lo que más cuesta es empezar. Te damos algunas frases que se pueden usar para "romper el hielo"; es decir, para empezar una conversación.

a. ¿Te importa si te miro durante un ratito? Quiero recordar tu cara para mis sueños.

b. Perdona, ¿no tendremos algún amigo en común que nos pueda presentar?

c. Perdona, pero te reconozco. ¿No fuimos locamente felices y estuvimos casados en una vida anterior?

d. Perdona, me suena tu cara. ¿Eres modelo? ¿Has salido en la portada del Cosmopolitan?

Ahora, en grupos de tres o cuatro, debéis recrear una situación donde alguien intente seducir a otra persona. Podéis utilizar las frases de arriba para empezar el diálogo.

Imaginemos que la situación ocurre en un bar o en una discoteca. Podéis hacer una pequeña representación en clase.

6. Salamanca es una ciudad con mucha historia. Por eso, en ella hay leyendas muy interesantes. En la novela, Tino Mendoza menciona una que tiene que ver con la Casa de las Muertes. Infórmate sobre esta historia en Internet.

Tras leer la historia de don Diego y doña Mencía, responde a estas preguntas:

- ¿En qué se parecen don Diego y don Félix de Montemar?

- ¿Cómo mueren don Diego y doña Mencía?

7. Los padres de Germán suelen escribir cartas a su hijo. Imagina que eres él. Redacta una carta informal en el que les cuentes todo lo que te está pasando desde que conociste a Elvira hasta este punto de la historia.

....
....
....
....
....
....
....
....
....
....

LAS TINIEBLAS DE SALAMANCA

X

A LAS nueve estábamos en la comisaría. ¡Qué distinta era la ciudad por la mañana! Los niños caminaban de la mano de sus madres hacia el colegio, los coches recorrían las calles, las panaderías olían a bollos recientes. Me sentí algo más tranquilo. Todo parecía ser como siempre.

Preguntamos por Tino Mendoza con miedo, pensando que tal vez nos dirían que no había ido a trabajar. Pero no era así. Un policía nos indicó dónde estaba su despacho. Cuando entramos y lo vimos sentado en su sillón, tuve ganas de darle un abrazo: aquel hombre nos había salvado.

–¡Hombre, chavales! –dijo con una sonrisa–. ¡Qué temprano estáis aquí! Pasad y cerrad la puerta.

–¡Tino! –exclamó Luis con alegría–. ¡Estás bien!

–Pues, claro, chavales.

–Pero ¿qué pasó?, ¿cómo…?

–Bueno. Al final, todo fue una extraña coincidencia. Los **tipos** aquellos no eran de los montemarinos. Eran policías.

–¡Policías! –exclamó Luis.

–Sí. Venían desde Madrid siguiendo a unos ladrones de obras de arte. Nos vieron paseando de un lado a otro, con un mapa en la mano, en edificios importantes, a esas horas y pensaron que éramos de la banda a la que están siguiendo. Ya ves, qué casualidad. En fin, cuando les enseñé la **placa**, me pidieron perdón. Después, estuvimos hablando un rato y ya está.

Tipos: hombres.
Placa: pequeña chapa que llevan los policías para identificarse como tales.

46   **Lecturas en español de ENIGMA Y MISTERIO**

En ese momento, llamaron a la puerta del despacho. Una joven con uniforme dijo:

–Inspector Mendoza, aquí tiene los dos expedientes que pidió.

Dejó sobre la mesa dos carpetas. En la que quedó a la vista se leía el nombre de Manuel Robledal. Tino las apartó rápidamente y las guardó en un cajón de su mesa.

–Bueno, chavales, ahora tengo que salir.

Me di cuenta de que Luis no se había fijado en las carpetas.

–Vale –dijo Luis –. Oye, gracias, Tino.

–De nada, hombre. Y tranquilos, que no pasa nada. No corréis peligro. De todos modos, la policía está enterada de todo, por si acaso. Vosotros dejad todo este asunto. Ya os contaré yo.

–Pero yo creo que... –intenté decir.

–¡No! –dijo él de forma **tajante**–. Hacedme caso. Venga, os prometo que os llamaré en cuanto sepa algo, ¿vale? Encontraremos a Elvira.

–Eso espero –dije mientras salíamos del despacho.

Ya en la calle, le comenté a Luis lo que había visto en las carpetas.

–¿Sí? –dijo sorprendido–. Y ¿por qué no quería que las viéramos? Imagino que será una forma de protegernos.

–Sí, eso será, seguro. En todo caso, me gustaría leer esos informes. ¿A ti no?

–Sí, pero ¿cómo?

Estábamos frente a la comisaría, en la acera de enfrente, cuando vimos que Tino salía del edificio.

–Espera, espera –aparté a Luis con la mano y nos ocultamos detrás de un autobús–. Mira: Tino ha salido de la comisaría.

Nos miramos a los ojos.

–Dos hombres y un destino –dije yo.

Esperamos a que Tino desapareciera por una calle y volvimos a

---

Tajante: contundente, que no admite respuesta.

la comisaría. El mismo policía estaba en la puerta. Seguimos adelante como si no estuviera allí.

–¿Dónde vais vosotros dos?

–Perdón –dijo Luis–. Vamos a ver a Tino Mendoza otra vez. Es que acabamos de estar en su despacho y se me ha olvidado una cosa. Soy su sobrino.

– El inspector Mendoza ha salido, pero yo os acompaño.

Ya pensaba yo en qué excusa poner para darnos la vuelta, cuando alguien llamó a nuestro acompañante y él se paró a hablar. Nosotros seguimos nuestro camino y entramos en el despacho.

–¡Rápido! –dije yo–. Tú vigilas y yo cojo las carpetas.

Allí estaban, en los cajones de la mesa. Una tenía el nombre Manuel Robledal y la otra el de Otero Ponto.

–Vamos, vamos. Lee deprisa –susurró Luis.

Intenté buscar lo importante. Manuel Robledal: acusado de actividades sospechosas, puesto en libertad, sin **pruebas**, sin otras acusaciones, **paradero desconocido** desde 1970. Nada que no supiéramos ya. Cerré la carpeta y la devolví a su sitio. Abrí la otra. Otero Ponto: profesor de la Universidad de Salamanca desde 1990, doctor en Literatura Española, exprofesor de la Universidad de Oviedo, sin datos antes de 1970.

–¡Que viene, corre! –dijo Luis.

Cerré la carpeta y la coloqué con la otra. Cuando llegó el policía, estábamos los dos en la puerta.

–¿Qué? ¿Habéis encontrado lo que buscabais?

Luis mostró su cartera.

–Sí, sí, aquí está. Muchas gracias.

El hombre se limitó a extender la mano señalando el camino hacia la salida.

Prueba: algo que sirve para demostrar la verdad.

Paradero desconocido: expresión que se utiliza para indicar que no se sabe dónde vive una persona.

—Gracias. Hasta luego —dijimos los dos a la vez, como dos niños buenos en el **cole**.

Llegamos al Parque de la Alamedilla. Los patos nadaban en el estanque. Sentados en un banco, le comenté a Luis lo que había leído. Las preguntas que nos hacíamos eran evidentes: ¿por qué no había datos de Manuel Robledal a partir de 1970 y por qué no había datos de Otero Ponto antes de 1970? ¿Por qué Tino Mendoza había pedido esos dos expedientes juntos?

Me quedé pensando un momento. La coincidencia en el año 1970 no podía ser una casualidad, especialmente si Tino buscaba una relación entre los dos nombres.

—¿Sabes una cosa? —le dije a Luis—. El nombre de Otero Ponto es Félix.

—Sí —contestó él—, como don Félix de Montemar, el protagonista de *El estudiante de Salamanca*. ¿A qué te refieres? ¿Será casualidad?

—Déjame pensar —me relajaba mirando a los patos recorrer el estanque—. Bueno. Supongamos que el nombre de Félix es falso, que el profesor se lo cambió por el del protagonista de *El estudiante de Salamanca*. Bien. Entonces, tal vez los apellidos también sean falsos, ¿no?

—Sí, es raro, pero puede ser. Otero… —siguió hablando Luis—: ¿significa algo esa palabra?

—¿Otero? Bueno, un otero… un otero es un cerro, una colina… ¡un monte! —exclamé.

—¿Y Ponto?

—¿Ponto? ¡El mar! ¡Sí, significa mar! Es una palabra culta, solo aparece en obras literarias, pero significa mar, ¡seguro!

—Félix Otero Ponto —exclamó Luis—. ¡Félix de Montemar!

Los dos nos quedamos mirándonos. Un **escalofrío** recorrió mi espalda.

—Las fechas coinciden en 1970 —pensé en voz alta —. En ese año

---

Cole: apócope de *colegio*, como *boli* de *bolígrafo*.

Escalofrío: sensación repentina de frío que a veces se produce por miedo, sorpresa o emoción.

LAS TINIEBLAS DE SALAMANCA

Manuel Robledal desapareció de Salamanca y en ese año aparece Otero Ponto…

—Sé lo que estás pensando, amigo Germán: ¡es el mismo! Manuel Robledal y Otero Ponto son la misma persona.

—Puede ser —reconocí—. Pero, ¿cómo podríamos comprobarlo?

Los patos se acercaban a nosotros, esperando un trozo de pan.

—Me estoy acordando ahora mismo de una película… No recuerdo el título…

Lo miré extrañado. ¿A qué venía eso ahora?

—No me mires así —dijo él—. Verás: va de una chica que está enamorada de un hombre al que apenas conoce, ¿vale? El caso es que ella descubre que él no es quien dice ser, que no se llama como dice llamarse. Así que, para confirmarlo, le deja una nota en una mesa firmada con el nombre antiguo, el de verdad. Se esconde y espera a ver qué pasa. Cuando él lee la nota, queda claro que la chica ha acertado.

—Vale. Ya sé lo que se te está ocurriendo.

Nos levantamos del banco de un salto. Los patos entendieron que no iban a comer y se alejaron tranquilamente mientras nosotros nos dirigíamos a la facultad de Filología.

XI

DECIDIMOS escribir nuestra nota citando al profesor en algún lugar, un sitio por el que pasara mucha gente, para sentirnos seguros. Llegamos antes de que empezara una de sus clases. El aula se iba llenando de alumnos. Entramos mezclados con ellos y, **disimuladamente**, dejamos la nota en la mesa del profesor. Habíamos escrito esto:

Manuel Robledal le espera frente a la fachada de la Universidad esta tarde a las cinco.

A continuación, salimos del aula antes de que el profesor nos viera; después del numerito del detective privado, seguro que se acordaba de nosotros. Lo mejor era esperar y ver si se presentaba a la cita.

Fuimos al mismo lugar a donde la noche anterior nos habían llevado las pistas: a la Casa de las Conchas. Algo importante había en ese edificio.

A la una de la tarde no era raro que grupos de turistas visitaran la ciudad. Nos encontramos con uno de ellos. El guía explicaba:

—Están ustedes ante la Casa de las Conchas. Fue construida en el siglo XV para celebrar el matrimonio entre dos jóvenes nobles de la ciudad. Su nombre se debe a las conchas que decoran la fachada. Hay más de trescientas; en concreto: 333.

—¿Has oído? —le pregunté a Luis en voz baja.

—Sí, se construyó para que vivieran en ella dos jóvenes nobles. Así me caso yo también.

Disimuladamente: con disimulo, sin que nadie se dé cuenta.

LAS TINIEBLAS DE SALAMANCA

—No, Luis, eso no. 333 conchas.

—Ah —dijo—. 333, sí.

—Claro. Tres veces tres, de nuevo el tres, el triángulo. Tiene que querer decir algo. ¿No crees? —le pregunté de nuevo.

—Sí, pero ¿qué? A lo mejor Tino...

—No sé —interrumpí a mi amigo—. No nos dijo nada de los informes. Él prefiere que no nos metamos más en todo este asunto. Yo creo que es mejor no decirle nada. No le vamos a contar que entramos en su despacho y todo eso.

—Pues tienes razón —dijo Luis mientras nos alejábamos del grupo de turistas.

El tiempo iba pasando. Me dolían los pies de andar de un lado para otro.

Tal vez la cifra no quería decir nada o tal vez sí. A lo mejor ese era el lugar en el que se reunían los montemarinos, o a lo mejor era otra pista más. Aquello parecía un **laberinto**, un laberinto cada vez más peligroso. Recordé las últimas palabras que me dijo Elvira antes de que se la llevaran: "Contigo no tengo miedo. Quédate a mi lado". Todavía seguía sin saber por qué. ¿Por qué se la llevaron? ¿Qué querían de ella?

A las cinco de la tarde estábamos en la Universidad. Nos colocamos en un lugar desde donde podíamos observar la plaza que hay frente a la fachada sin ser vistos. Muchos turistas admiraban el edificio. Todos buscaban la famosa rana y la señalaban con el dedo. Vimos llegar al profesor Otero Ponto. Su pelo gris y largo, su abrigo morado, su larga bufanda negra hasta la cintura... era inconfundible. Miraba hacia todas partes. Se le notaba nervioso.

—¡Ahí está! —exclamó Luis—. ¡Ha venido! Eso significa algo.

—Sí, pero ¿qué significa? Está claro que algo sabe de Manuel Robledal, pero...

Laberinto: lugar formado por calles que se cruzan para confundir a quien se adentre en él, de modo que no pueda acertar con la salida. Aquí es una comparación.

52   Lecturas en español de ENIGMA Y MISTERIO

–¿Hablamos con él? –propuso Luis.

Ese hombre conocía a Elvira, tal vez se había cambiado de nombre… Yo tenía miedo.

Pero, sin esperar mi respuesta, Luis empezó a andar hacia el profesor. Lo seguí. Cuando nos vio venir, puso una cara extraña. Yo no sabía si era de preocupación, de asombro o de **alivio**.

–¿Vosotros dos? ¿Sois vosotros los de la nota? –nos dijo, sin saludarnos.

Me extrañó mucho que nos **tratara de tú**, nunca lo hacía. Era absurdo mentir. No dijimos nada, que era una manera de contestar sí.

–Aunque no os lo creáis –dijo el profesor–, me alegro de veros.

Los dos nos quedamos sorprendidos. No parecía el profesor exigente que yo veía cada día en clase.

–Pensaba que os había pasado algo –siguió hablando–. Tú, Germán, llevas unos días sin aparecer por clase.

–Sí, pero usted ya sabe por qué –le dije.

–Me lo imagino –reconoció.

Luis y yo nos mirábamos **perplejos**. Nos quedamos callados.

–Bueno –volvió a hablar el profesor–, me parece que todos tenemos muchas cosas que aclarar. Vayamos a un sitio más tranquilo.

–No –dijo Luis de forma tajante–. Nos quedamos aquí.

–Está bien, está bien. Por lo menos, sentémonos en ese banco.

La gente paseaba, miraba la fachada de la Universidad, un coche de la policía local estaba parado en la plaza. Allí no nos podía pasar nada malo.

–¿Quién empieza? –preguntó el profesor.

–¡Yo! –dijo Luis con voz decidida–. ¿Quién es usted? ¿Es usted Manuel Robledal?

Alivio: sensación de librarse de una preocupación.
Tratar de tú (o tutear): dirigirse a alguien poco conocido usando *tú*, sin usar *usted*.
Perplejos: muy sorprendidos.

–¿Hablamos con él? –propuso Luis.

El profesor se quedó pensando.

–Tanto tiempo sin oír ese nombre... más de treinta años. ¿Cómo lo habéis averiguado?... ¿En los archivos tal vez?... Da igual. Sí, así me llamaba yo –reconoció.

–Así que era usted quien hacía el recorrido de "Salamanca misteriosa" –dije.

–Sí, así es.

–¿Quiénes son los montemarinos? –preguntó Luis.

–Me parece que eso ya lo sabéis vosotros, ¿no?

–Ellos se han llevado a Elvira, ¿verdad? –pregunté.

–Sí, creo que sí, pobre Elvira.

En su voz se notaba la preocupación. No mentía. O, si mentía, lo hacía muy bien.

–Pero ¿por qué?, ¿por qué a ella? –pregunté con ansiedad.

–Bueno... eso es más largo de explicar.

Empezaba a atardecer. El sol doraba las piedras de los edificios de Salamanca.

–Imagino que ya sabréis que el nombre de montemarinos viene de *El estudiante de Salamanca*, la obra de Espronceda, ¿no? Era una sociedad secreta. Se fundó a principios de los 70. Era un grupo de universitarios admiradores de esa obra y de ese autor.

–Como usted –intervine yo.

Me miró fijamente. Parecía que iba a aparecer de nuevo en su rostro el gesto de profesor distante, superior a sus alumnos. No fue así. Miró al suelo y siguió hablando.

–Sí, como yo. Veréis, aquellos eran otros tiempos. **Franco** gobernaba España. Unos cuantos, animados por la vida de Espronceda, decidimos seguir sus pasos; es decir, no conformarnos y luchar por nuestras ideas. Como ya imaginaréis, yo estaba metido en ello. Elegimos el nombre de montemarinos en homenaje a Espronceda.

Franco: Francisco Franco Bahamonde, jefe del Estado Español tras la Guerra Civil española (1936-1939) y hasta su muerte en 1975. Impuso una dictadura bajo su gobierno.

LAS TINIEBLAS DE SALAMANCA

–Pero, ¿qué pretendían ustedes exactamente? –preguntó Luis.

–Pues no sabíamos muy bien lo que queríamos conseguir, la verdad. Escribir **panfletos**, hacer reuniones **clandestinas**, preparar manifestaciones en la universidad…, esas cosas. Yo creo que el hombre que no se rebela está perdido.

–Pero, ¿qué tiene que ver eso con Elvira? –preguntó Luis.

–Como os decía, al principio se trataba de un grupo universitario **antifranquista**, pero la cosa empezó a cambiar. Algunos miembros creían que *El estudiante de Salamanca* encerraba sentidos ocultos. Empezaron a reunirse en grupos aparte para comentar la obra. Yo asistía también a aquellas reuniones, pero, poco a poco, me empecé a dar cuenta de que aquello era un **disparate**.

–Pero –interrumpió Luis–, ¿qué mensaje oculto encierra la obra?

–¡Pues ninguno! –exclamé yo –. Yo pienso que Espronceda escribió *El estudiante de Salamanca* para expresar que el amor ideal no existe. Empezó a escribir la obra cuando su relación con Teresa Mancha, su gran amor, empezaba a romperse por todas partes. Cuando la publicó, ella ya había muerto. El amor siempre **se corrompe**, quería decir él. La felicidad absoluta no existe, como don Félix, que nunca alcanza al fantasma de Elvira y, cuando logra alcanzarlo, es para morir.

–Vale, pero ¿qué sentido oculto hay ahí? –preguntó Luis.

–Ninguno, eso mismo creo yo –dijo el profesor–. Ninguno –volvió a repetir–, pero aquel grupo entendió que sí.

–¿Qué entendieron? –pregunté yo.

La tarde seguía cayendo. Empezaba a hacer frío. El profesor dio una vuelta más a su bufanda alrededor del cuello.

Panfleto: papel donde se hace propaganda política.
Clandestino, -a: prohibido y oculto; que se realiza al margen de la ley y es perseguido por ello.
Antifranquista: que se opone a Franco y a su régimen.
Disparate: locura, algo que no tiene sentido común ni lógica.
Corromperse: estropearse por el paso del tiempo.

Lecturas en español de ENIGMA Y MISTERIO

—Después de estudiar leyendas de la Edad Media, libros de **brujería** y de **satanismo**, llegaron a la conclusión de que Espronceda había querido fundar una nueva sociedad secreta con *El estudiante de Salamanca*. ¡Un disparate! Según ellos, Félix de Montemar es *el hombre nuevo*, el hombre que se opone a las reglas y crea las suyas propias. Al final de la obra, el protagonista desciende al infierno y allí se casa con Elvira, que le obliga a cumplir su promesa de boda. Pero ella es ahora un fantasma que regresa del mundo de los muertos para llevarse a don Félix al infierno. En todo esto, se esconde un ritual satánico, pensaba este grupo, que se practicaba en la Edad Media en cuevas ocultas donde se adoraba al diablo.

—¿Adorar al diablo? ¿Pero esas cosas son verdad? —preguntó Luis.

—Bueno… El diablo… Satanás, Lucifer, el Príncipe de las Tinieblas, llámalo como quieras. Los rituales satánicos existen desde la Edad Media. En este caso, el ritual se llama la boda con la muerte. Un hombre se casa con una mujer y, durante la ceremonia, la mata.

—¡¿Cómo?! —grité yo.

—Es increíble, ¿verdad? Ellos pensaban que Espronceda se refería, al final de la obra, a ese ritual. Elvira se lleva a don Félix al infierno, ¿no? Pues ahora viene la venganza de él; es decir, él la mata a ella. El que practica la boda con la muerte será un hombre nuevo, el hombre del futuro.

—¿El hombre del futuro? —repitió Luis.

—Sí. Es un pacto con el diablo. A cambio de una muerte, Lucifer te concede un gran poder sobre los demás.

—¿Y la mujer?

—Muere, pero el ritual nunca llegó a hacerse. Eligieron a una víctima. Una noche, cuando yo terminaba mi ruta nocturna de "Salamanca misteriosa", raptaron a una chica. Se llamaba Elvira.

—Sí, la raptaron a las doce de la noche, en la Plaza Mayor, como a nuestra Elvira —dije yo.

Brujería: magia de brujos y brujas.
Satanismo: culto al demonio, adorándolo como si fuera Dios.

LAS TINIEBLAS DE SALAMANCA

—Sí –dijo el profesor con angustia–. Aquella vez yo logré **impedirlo**. Acudí a la policía, aunque sabía que podía ir a la cárcel por pertenecer a un grupo clandestino.

–¿Y fue usted a la cárcel?–preguntó Luis.

–No. Finalmente, no. Por **haber confesado**, me dejaron libre. Lo importante es que lograron salvar a la chica y acabar con la secta. Pero yo tenía miedo, tal vez alguno de los montemarinos querría vengarse, tal vez alguno que había escapado… La policía me permitió empezar una nueva vida, una nueva vida con otro nombre. Elegí el de Félix Otero Ponto en recuerdo de don Félix de Montemar.

El cielo estaba oscuro. Las farolas se encendieron al mismo tiempo que los focos que iluminaban la fachada de la Universidad.

–¿Y Elvira?

–Yo tenía que salir de Salamanca, así que seguí mis estudios en la Universidad de Oviedo. Más tarde, me hice profesor de esa misma Universidad. El tiempo fue pasando y me fui olvidando de todo aquello: de esta ciudad, de los montemarinos, hasta de Manuel Robledal. Me volví un hombre solitario. Únicamente leía, estudiaba y daba clases, poco más. Hace ahora cuatro años, conocí a Elvira. En seguida supe que no era una alumna cualquiera. Era brillante. Me entregó un trabajo sobre Literatura del siglo XIX asombroso, magnífico. Fue entonces cuando empecé a hablar con ella. Supe que era huérfana, que había vivido en un **orfanato**, que apenas conocía a nadie. Era una chica solitaria.

–¿Tenía novio? –pregunté tímidamente.

–No –respondió algo sorprendido el profesor–. No, que yo sepa. Un día me dijo que se iba a estudiar a Salamanca. Alguien le pagaba los estudios y le prometía una **beca** de investigación cuando acabara la carrera. Ella, que apenas tenía dinero para vivir, aceptó la oferta. A mí todo aquello me sonaba raro. De nuevo volvieron a

---

Impedir: poner dificultades para hacer algo.
Confesar: decir la verdad.
Orfanato: lugar donde se acoge a los huérfanos; es decir, a los niños sin padres.
Beca: dinero que da una institución a alguien para que estudie.

Lecturas en español de ENIGMA Y MISTERIO

mi mente los recuerdos del pasado. Decidí que no iba a dejarla sola. Conseguí una plaza de profesor en esta Universidad y aquí estoy.

—Pero, ¿por qué la dirección de ella es la de un piso en el que vive usted? —preguntó Luis.

—¿Cómo sabéis eso? En fin, da lo mismo. Alquilé ese piso como estudio, no para vivir en él, y se lo ofrecí a Elvira. Me sentía más tranquilo sabiendo dónde estaba. Ella dio esa dirección en la facultad, pero, después, no quiso vivir allí.

—Entonces, los montemarinos fueron atrapados, pero ahora han vuelto —comentó Luis.

—Sí, eso me temo —replicó el profesor—. No sé si son las mismas personas, pero usan su mismo signo y, desde luego, tienen el mismo propósito.

Entonces, el profesor se puso de pie. Se colocó su abrigo y su bufanda, miró a un lado y a otro y fijó su vista en un punto. Ya era de noche.

—Y, ahora, ¿qué hacemos? —preguntó Luis.

—¿Qué día es hoy? —preguntó el profesor.

—20 de diciembre. Mañana empiezan las vacaciones de Navidad —aclaró Luis.

—¿Cuándo se llevaron a Elvira?

—Hace cinco días —respondí yo.

—¡Hace cinco días! —exclamó Otero Ponto—. Entonces, tenemos poco tiempo.

—¿Cómo? —pregunté.

—El seis es un número importante para los montemarinos —comentó el profesor.

—Pero ¿no era el tres? —dijo Luis.

—Sí, el tres. Pero en el signo que usan hay dos ángulos. Tres y tres, seis. Seis días. Será mañana. Mañana será el ritual.

Me quedé pensando. ¿Qué podíamos hacer ahora?

LAS TINIEBLAS DE SALAMANCA

–Mirad. Haremos una cosa –dijo el profesor–. Buscaremos el lugar donde van a realizar el ritual. Esta noche.

–¿Por qué por la noche? –pregunté yo–. ¿No puede ser ahora?

–No. Ahora yo no puedo. Aún tengo tiempo para averiguar algunas cosas importantes. Iré a ver a la policía. Dejadlo en mis manos. Todo se arreglará. Esta noche –dijo–. Aquí, a las doce.

Pensé en hablarle de Tino Mendoza, pero no tuve tiempo. Volvió a colocarse la bufanda, se dio la vuelta y se fue.

Nos quedamos solos Luis y yo.

–Y nosotros, ¿qué hacemos? –dijo él.

–Pues no sé. Lo mejor será tener cuidado. ¿Vamos a mi pensión? Allí estaremos tranquilos y los dos juntos estaremos seguros –propuse.

–Sí. A ver si Flor nos invita a chocolate con bizcochos.

XII

ESTÁBAMOS en mi habitación. Tumbados en las camas, dejábamos pasar el tiempo. Los nervios nos consumían por dentro. Aún eran las diez. Faltabas dos horas.

–¿Por qué nos habrá citado Otero Ponto a las doce? –preguntó Luis.

–Pues no sé. Es raro.

Yo no hacía mucho caso a las preguntas de Luis, que hablaba sin parar.

–¿Y Tino?, ¿qué estará haciendo?, ¿habrá hablado con él el profesor?, ¿dónde estará Elvira? Esto es como en ***Rescate***, de Mel Gibson…

Yo repasaba todo lo que sabíamos. Empecé por el principio…

–… es una película –seguía hablando Luis– en la que Mel es un hombre que lo tiene todo: dinero, prestigio, una mujer guapa, un hijo estupendo…

A Elvira se la llevaron el día 14 a las doce. ¿A las doce?

–… entonces, unos malvados secuestran a su hijo y piden un rescate…

¿A las doce? Un momento, ya habían dado las doce cuando se la llevaron. Por tanto…

–¡Luis! –grité de pronto– ¡Nos ha engañado!

Mi amigo dio un salto en la cama.

–¿Qué?

Rescate: *Ransom*, película estadounidense de 1996.

—Sí, mira —le expliqué—: el profesor sabía que Elvira fue raptada el día 14 por la noche, justo después de que sonaran las doce campanadas en el reloj.

—Sigue.

—Entonces, Elvira no fue raptada el día 14, sino el 15, el primer minuto del día 15. Así que los seis días se cumplen justo hoy a las doce. El día 21, el primer minuto del día 21, ¿no entiendes?

Me miró como si despertara de un sueño.

—¡Sí! —exclamó

—Vamos, rápido. Tenemos que llegar a la Casa de las Conchas cuanto antes.

La niebla había caído sobre Salamanca. Corríamos por la ciudad. Las calles parecían otras. No se distinguía su final hasta llegar a una esquina. Las farolas casi no conseguían que su luz llegara al suelo.

Cuando estuvimos cerca del sitio al que íbamos, nos detuvimos. Serían las diez y media.

—Espera; para, para —le dije a Luis recuperando el aliento.

—Sí, paremos, **me va a dar algo**.

—Bueno —empecé a hablar—. Este es el plan: nos escondemos y esperamos a que llegue alguien. Cuando los montemarinos empiecen a reunirse, los seguimos. Después…

—¿Después?

—Después… ojalá aparezca Tino Mendoza… —seguí hablando entre **titubeos**—. No sé, no es un gran plan, ¿verdad?

—No, Germán, es una **mierda** de plan, la verdad.

—Sí, es un mal plan —dijo una voz a nuestra espalda.

Nos dimos la vuelta. Vimos salir de la niebla a un hombre que llevaba sombrero. Le colgaba una bufanda del cuello.

Me va a dar algo: se dice cuando uno se encuentra muy mal. Es una expresión coloquial que, generalmente, se usa como exageración.

Titubeos: cuando se habla con interrupciones.

Mierda: excrementos. Se usa para referirse a algo que no vale nada o que es muy malo. Es una palabra malsonante.

Lecturas en español de ENIGMA Y MISTERIO

—Yo tengo uno mejor: os venís con nosotros —volvió a hablar y se descubrió la cabeza.

Era el profesor. De la niebla surgieron cuatro hombres más, vestidos con abrigos negros.

—Os estábamos esperando, por si acaso aparecíais antes de las doce. No se va a estropear nuestra ceremonia por dos tontos.

Quisimos correr hacia el otro lado de la calle, pero nos chocamos contra un muro, un muro de cuatro cuerpos enormes.

—Vamos —dijo uno de ellos sin más.

Rodeados por aquellos tipos, empezamos a andar sin saber a dónde íbamos.

—Por fin podrás ver a tu Elvira —me dijo el profesor—, aunque sea lo último que veas.

Pasamos delante de la Casa de las Conchas y seguimos caminando.

—No es aquí. Al final, no es aquí —me dijo Luis.

—No, no es aquí —intervino el profesor—, pero podéis estar orgullosos de vosotros mismos. Habéis llegado muy lejos con vuestras investigaciones.

Yo tenía ganas de llorar. Tal vez aquéllos eran mis últimos momentos de vida. Solo me daba fuerzas pensar que, al menos, podría ver a Elvira. Conseguiría encontrarla.

—¿Dónde vamos? —pregunté—. Por lo menos, díganos eso.

Seguíamos andando hacia el río Tormes.

—A ver si sois tan listos —dijo el profesor—: la Casa de las Conchas era una pista para encontrar el lugar al que vamos.

No era ese un momento para **acertijos**. No lo era al menos para mí. Pensaba en Bocacara, en mi pueblo, en sus **encinas**, en las **eras** verdes en primavera, en su río humilde y en la sombra de los **chopos**.

Acertijo: entretenimiento que consiste en adivinar algo.
Eras: espacio de tierra llana donde los agricultores separan el grano de la paja.
Encinas y **chopos:** tipos de árboles.

LAS TINIEBLAS DE SALAMANCA

—Venga, ¿no os apetece pensar? —insistía el profesor cruelmente—. Os doy una pista: 333 conchas, dos ángulos…

—333 por dos: 666; seis, seis, seis; el número del diablo —dijo Luis.

—Muy bien, detective privado —contestó Otero Ponto con tono de burla.

—La cueva del diablo o cueva de Salamanca. Ahora están haciendo obras en ella para poder enseñársela a los turistas —siguió hablando Luis sin dejar de mirar al suelo—. ¿Cómo no se nos ha ocurrido? Está debajo de una antigua iglesia en ruinas. Dicen que allí se practicaba el culto al diablo.

—Sí —dijo el profesor—, pero nosotros vamos a la de verdad, no a la que se enseñará a los turistas.

Al fin nos detuvimos en una calle sin iluminación. Entre la niebla, solo se veía la lucecita roja de una pequeña llama. Recordé unos versos de *El estudiante de Salamanca*: "la lámpara que alumbra una imagen de Jesús". Allí estaba la luz, pero sin la imagen.

—Estamos en la calle del Ataúd —dije en voz baja.

—Sí, muy bien —habló el profesor—. La universidad va a perder un buen alumno. Así se llamaba esta calle en la Edad Media.

—Vamos —dijo uno de ellos.

Debajo de la vela, había una puerta de hierro. La golpearon tres veces y se abrió. Tan solo se veían unas escaleras que bajaban sin final. En las paredes, varias **antorchas** alumbraban el camino.

Antorchas: palos que arden en un extremo para dar luz en la oscuridad.

XIII

EL descenso era como bajar al infierno. Me acordé de nuevo de *El estudiante de Salamanca*, cuando, al final de la obra, don Félix de Montemar baja unas escaleras rodeado de fantasmas y esqueletos. Nosotros no veíamos esas cosas, no se oían ruidos horribles, pero el lugar causaba el mismo miedo. Cada **peldaño** que bajaba, me retumbaba el corazón en el pecho como la campana de una iglesia. Delante y detrás de nosotros, los hombres que nos rodeaban descendían en silencio. Sus pisadas sonaban en el suelo como golpes de hierro.

Llegamos a una gran cueva. El techo formaba una **bóveda** de piedra. Al fondo de la sala, en una zona elevada, había un **altar**. Las pareces estaban cubiertas por telas rojas. Olía a humedad, un olor que se mezclaba con el del fuego de las antorchas que iluminaban el lugar. Allí estaban esperando unas veinte personas. Todos vestían **túnicas** rojas que les llegaban hasta los pies. Tenían la cabeza entera cubierta por largas capuchas que acababan en forma de triángulo. No se les veía la cara. En la espalda, todas las túnicas llevaban el signo de los montemarinos.

–Bienvenidos a la auténtica cueva del diablo –dijo el profesor.

Nos condujeron por un pasillo que se abría en la pared de la derecha. De un empujón, nos soltaron en una habitación cuadrada y

---

Peldaño: cada escalón o tramo de una escalera.
Bóveda: techo de forma curvada.
Altar: mesa en la que el sacerdote celebra la misa.
Túnica: vestimenta que consiste en una tela que cubre todo el cuerpo.

pequeña. Una verja de hierro se cerró a nuestra espalda. Estábamos en una **mazmorra**.

–Esperad aquí –se oyó la voz del profesor–. Ahora vendremos a buscaros. A las doce empieza la fiesta.

Se veía muy poco allí dentro. Tan solo llegaba algo de luz de una antorcha que estaba al otro lado de la verja. Un ruido se oyó en la pared del fondo. Alguien estaba encerrado con nosotros. Alguien se movía, intentaba ponerse de pie. Me acerqué para ayudar al prisionero. De pronto, me llegó un olor que reconocí enseguida, un olor que, absorbido por el de la humedad, casi no se distinguía, un olor a azúcar, a canela, a hierba mojada.

–¡Elvira! –exclamé.

Distinguí, con la poca luz que llegaba hasta allí, sus ojos negros, su pelo moreno, su piel pálida.

–Eh… –dijo ella con voz débil–. ¿Quién eres?

–Soy Germán –tuve más miedo que en toda la noche: ¿y si no me recordaba?

–… ¿Germán…?, ¿el chico de la fiesta?

Por un momento, me olvidé de dónde estábamos, de que tal vez nos iban a matar y miré su cara. Era exactamente igual a la que yo recordaba.

–Pero, ¿qué haces aquí? –volvió a hablar.

Su voz sonaba rota, agotada. Parecía que con cada palabra se le iban todas las fuerzas.

– Me dijiste que me quedara a tu lado–dije–. He venido a buscarte

Se dejó caer en mis brazos. Morir así, ahora, abrazando a Elvira. Pensé que este no era mal final para esta historia.

–Mira, Elvira, este es mi amigo Luis. Me ha ayudado a llegar hasta aquí.

–Me alegro de conocerte –dijo Luis y saludó con la mano.

Mazmorra: prisión subterránea, habitación pequeña en la que se encierra a alguien.

–Gracias, gracias –contestó ella–. Muchas gracias, a los dos. Pero no teníais que haber venido. No sé qué va a pasar, pero sí sé que no vamos a salir de aquí.

Nos contó que llevaba allí encerrada desde que la capturaron. Sabía que aquellos hombres eran una secta o algo así, pero nada más. Por las noches oía coros de voces que decían: "es su esposa, es su esposa".

–"Es su esposa". –repetí–. En *El estudiante de Salamanca*, los muertos van diciendo: "es su esposo", para que don Félix se case con el fantasma de doña Elvira.

–¡Sí! –comentó Elvira sorprendida–. Yo también me acordé de esa obra, pero…

Entonces, nos sentamos los tres con la espalda apoyada en la pared. Entre Luis y yo le contamos todo lo que habíamos descubierto, todo lo que nos había pasado hasta llegar hasta allí. Cuando terminamos, Elvira empezó a hablar despacio:

–El profesor Otero Ponto, Félix, fue como un padre para mí, el padre que no tuve.

Nos contó cómo lo conoció, cómo la ayudó en muchas cosas, hasta que un día todo empezó a cambiar.

–Me hablaba continuamente de cambiar de Universidad –siguió diciendo–, de irme a la de Salamanca con él. Decía que la facultad de Filología era mejor… No sé… Le notaba cada vez más extraño.

–¿Por eso te fuiste del piso de la calle Brocense? –dijo Luis.

–Sí –contestó Elvira–. Solo estuve allí un par de días.

Los tres nos quedamos callados, sentados en el suelo de piedra.

Nos pusimos de pie cuando se oyeron pasos que se acercaban hacia nosotros. La verja se abrió. Cuatro hombres, todos **encapuchados**, todos con las túnicas rojas, venían a buscarnos.

–Vamos. Es la hora.

De nuevo nos llevaron a la gran sala. Nos empujaron hasta el

Encapuchados: con la cabeza cubierta por una capucha.

altar. Detrás de él, había un hombre. Parecía que estaban colocados como en una boda: el **sacerdote** detrás del altar, a un lado el novio y, detrás de él, los demás montemarinos, los invitados.

Todos empezaron a decir: "es su esposa, es su esposa". Lo decían como una sola voz, como máquinas repitiendo una y otra vez las mismas palabras; una sola voz que **retumbaba** en la cueva. No gritaban, pero sus palabras me golpeaban en los oídos como un martillo.

Entonces, miré a Luis. Yo no quería llorar, pero me costaba contener las lágrimas.

–Lo siento, amigo –le dije–. Lo siento mucho.

–Bueno –me contestó–, ya sabes: dos hombres y un destino, amigo.

Apartaron a Elvira de mi lado. Me agarraron con más fuerza. A ella la colocaron junto al novio. Oímos la voz de él que decía:

–Vosotros seréis los **testigos**.

No cabía duda. Era el profesor. Elvira también lo reconoció.

–¿Por qué, Félix? –le dijo ella–. ¿Por qué yo? Al menos eso quiero saberlo.

El profesor hizo un gesto con la mano al sacerdote.

–¿Por qué? Porque te llamas Elvira, porque no eres nadie y nadie te espera, porque esto que va a pasar ahora vale más que tu vida, porque hoy nacerá el hombre nuevo; sí, un hombre nuevo para un mundo nuevo.

–Y ese será usted, ¿no? –dijo Luis con voz segura.

–Sí, así será –respondió él–. Ahora somos otros. Los primeros eran débiles, pero mis nuevos seguidores son más fuertes, son mejores.

El sacerdote sacó de su túnica un cuchillo, la luz de las antorchas

---

Sacerdote: persona que dirige la celebración de rituales religiosos.

Retumbar: sonar con gran ruido.

Testigo: persona que asegura que algo que ha visto es cierto, como los testigos de una boda o de un juicio.

68   **Lecturas en español de ENIGMA Y MISTERIO**

brilló en su **filo**. Las voces empezaron a sonar más fuerte: "¡es su esposo!, ¡es su esposo!".

Miré a Elvira a los ojos, ella no dejaba de mirarme. En sus labios leí: "lo siento, gracias". Lloraba, lloraba lágrimas silenciosas.

–La otra vez fallamos, nos traicionaron, pero ahora, nadie puede impedirlo –oí decir al profesor.

Entonces, una idea brilló en mi mente.

–¡Manuel Robledal! –grité con todas mis fuerzas– ¡Él es Manuel Robledal!

Por un momento, el falso sacerdote me miró.

–¡Sí! –volví a gritar–. Fue él el que traicionó a los montemarinos la otra vez. ¡Os ha engañado!

–¡Sigue con el ritual! –ordenó el profesor–. ¡Sigue! ¡No lo escuches!

–Un momento –dijo el sacerdote y alzó la mano.

Todos callaron. Había un silencio absoluto.

–¿Cómo sabes tú eso? –preguntó el sacerdote.

Hablé tan fuerte como pude, para que todos me oyeran:

–Él –dije señalando al profesor– os ha hablado de Manuel Robledal, del traidor, ¿verdad? Desapareció sin dejar rastro. ¿Qué sabéis de este hombre? ¿Qué sabéis de él?

Se empezó a oír un murmullo. Se miraban unos a otros y hablaban en voz baja. En ese momento, aprovechando la confusión, Luis le dio un codazo al hombre que lo sujetaba, lo empujó contra la pared, agarró una antorcha y la lanzó contra las telas rojas que rodeaban las paredes. El fuego se extendió con rapidez. El humo crecía y llenaba la cueva.

Todos se movían de un lado para otro. El hombre que me agarraba me soltó un instante y yo corrí hacia Elvira. Luis llegó hasta el profesor y le dio un puñetazo en la cara. Cogí a Elvira de la mano. El fuego y el humo aumentaban. Los montemarinos empezaron a

---

Filo: parte del cuchillo que corta.

LAS TINIEBLAS DE SALAMANCA 69

correr hacia las escaleras. **Se apelotonaban** contra ellas, se atropellaban, se pisaban, gritaban de miedo.

–¡Rápido! ¡Por aquí! –dijo Elvira.

Empezamos a toser. Nos costaba respirar.

–¡Hay otra salida! ¡Vamos!

Nos llevó al pasillo de la celda en la que nos habían encerrado. Corrimos por él. Unos pasos nos seguían. La luz de las antorchas era cada vez más escasa. Distinguimos entre las sombras unas escaleras. Empezamos a subir tan rápido como podíamos.

–¡Os cogeré aunque os escondáis en el infierno!

Yo tropecé, caímos los tres al suelo. Los pasos estaban más cerca. La voz del profesor se oyó como el **aullido** de un lobo.

–¡Mía, ella es mía! –gritaba el profesor.

Subíamos los peldaños ya a oscuras, con las manos en la pared. No muy lejos se distinguía algo de luz. Se olía un suspiro de aire fresco.

Una mano me atrapó el tobillo. Me agité como un loco.

–¡Ahí! ¡Se ve el final! –gritó Luis.

Sí, un agujero se abría en la oscuridad.

Yo pataleaba y pisaba.

–¡Vamos, Germán! –exclamó Luis alargándome su mano.

Lancé una patada con todas mis fuerzas. El profesor gritó de dolor, me soltó, agarré la mano de mi amigo, subimos los últimos peldaños y saltamos a la luz de la noche. Estábamos en la calle. En el aire, olía a cebolla.

–Chavales.

La voz de Tino sonó en el silencio.

–¡Tino! ¡Por fin! –exclamó Luis–. ¡Nos persiguen, nos persiguen…!

Apelotonarse: juntarse de manera desordenada.
Aullido: sonido prolongado que hacen los lobos.

Lecturas en español de ENIGMA Y MISTERIO

—Ya, Luis, ya lo sé —dijo Tino Mendoza sacando una pistola con la que apuntó a mi amigo.

En ese momento, llegó el profesor.

—¡Menos mal! Has llegado a tiempo —dijo.

—Sí, cuando vi salir a todos como locos por la puerta, pensé que por allí no iban a escapar, así que vine aquí, por si acaso.

Miré el cielo. La niebla se había disipado. Olía a aire fresco. Estábamos rodeados de árboles. Cerca se oía el río Tormes.

—Pero, ¿Tino? —dijo Luis

—¿Qué? Ya ves. Llevo años detrás de los montemarinos, queriendo saber si existían o no. No lo entiendes, ¿verdad, Luis? Este mundo es una **porquería**. Ya nada es lo que fue. Hace falta orden, seriedad, disciplina, un mundo nuevo. Ellos son el futuro que necesita este país.

—Ya —dije yo—. Y tú quieres estar ahí desde el principio.

—Aciertas, Germán —reconoció—. Ya estoy harto de ser un **don Nadie**.

Habíamos estado tan cerca de salvarnos. Después de encontrar a Elvira, después de rescatarla, después de tantas cosas… Habíamos estado tan cerca de lograrlo.

—Bueno, Tino, encárgate de ellos —dijo el profesor—. Yo me llevo a la chica.

Elvira se agarró a mí. Luis se puso delante, entre el profesor y nosotros dos. Íbamos a salir corriendo cuando un disparo sonó en el aire.

—¡Vamos, chavales! —dijo Tino Mendoza— Quietos. Ya está bien de jugar a ser héroes.

Los dos se acercaban hacia nosotros lentamente.

—¡Venga! —habló el profesor—. ¡Suéltala, Germán!

Tino alzó la pistola y la puso frente a mis ojos. Veía el agujero

---

Porquería: algo que está sucio y que no vale nada.
Un don Nadie: expresión que se usa para referirse a alguien sin importancia.

redondo y oscuro. Solo se oía el silbido del aire y el murmullo del río. Luis se lanzó contra Tino, pero el policía lo golpeó con la pistola y mi amigo cayó al suelo. Tino apuntó hacia él; después a Elvira y a mí. Movía la pistola hacia él y hacia nosotros rápidamente.

—Tú serás el primero –le dijo a Luis.

Se preparó para disparar.

—¡No! –gritó Elvira y se arrojó contra el policía.

—¡Sujétala! –le ordenó Tino Mendoza a Otero Ponto y empujó a Elvira hacia él.

El profesor la agarró, mientras yo me arrojaba contra él. De un golpe, me tiró al suelo. Al tiempo que me levantaba, vi a Tino Mendoza dispuesto a disparar a Luis. Preparó el arma. Entonces, me quedé paralizado en el suelo, inmóvil, esperando oír el disparo. Cerré los ojos y, por un momento, el mundo se detuvo. Sentía la tierra fría en mis manos, los latidos del corazón en el pecho, el aire en mi cara.

—¡Quieto! –gritó alguien.

Un hombre apuntaba a Tino Mendoza con una pistola. Lo acompañaban otros cinco vestidos con uniforme de policía.

—¡Policía! –volvió a hablar la misma voz.

Aquel hombre vestía una larga gabardina marrón.

—¡Que nadie se mueva! –insistió–. Ustedes dos, inspector Mendoza y profesor Otero Ponto, o como se llame, se vienen con nosotros.

Elvira corrió hacia mí. Después, el hombre nos miró y dijo:

—Tranquilos, todo ha pasado.

Se acercó. Era él, el tipo de la gabardina, el mismo con quien me había encontrado por la ciudad.

—Usted –conseguí decir– usted es el inspector Domingo Marcos, el hombre que me atendió el día en que Elvira desapareció.

—Sí, el mismo. Nunca me fie de Tino Mendoza.

—¡Esto sí que es de película! –dijo Luis, levantándose.

Lecturas en español de ENIGMA Y MISTERIO

—¿Estás bien, estás bien? —le pregunté con angustia.

—Sí, sí, ¡perfectamente! —contestó alegremente y corrió junto a nosotros.

Elvira me abrazaba, descansaba apoyada en mí como el **náufrago** sobre la playa.

—Oye —le dije—, ¿cómo sabías tú que había otra salida?

—No lo sabía, la verdad. Pero he estado allí seis días encerrada —me dijo—. A veces, llegaba un poco de aire frío por ese lado del pasillo. Así sabía que era de noche.

—¡Qué chica más lista! —dije.

Miré al cielo, respiré profundamente, abracé a Elvira con todas mis fuerzas, dejé que mis labios se deslizaran por su piel de seda y, al fin, la besé.

Náufrago: persona que cae al mar cuando se hunde un barco.

EPÍLOGO

ACABABA de hablar con Luis por teléfono. Me había contado que no tardaría mucho en celebrarse el juicio. Tenían pruebas contra los acusados para meterlos toda su vida en la cárcel.

–Por cierto –me había dicho–, ¿te acuerdas de los policías aquellos que iban persiguiendo a ladrones de arte? Pues, como imaginábamos, eran los montemarinos. ¡Qué tío más malo Tino! Nos utilizó para encontrarlos y, cuando lo logró, pactó con ellos: él no los denunciaba y ellos le darían un buen puesto en su "nuevo mundo".

Pero a mí todo aquello ya me daba lo mismo. Había llegado el verano y con él el final de curso.

Cogí de la mano a Elvira y caminamos hacia las afueras del pueblo. Bocacara no era el lugar más bonito del mundo, pero sí el más tranquilo. Pasamos junto al río y seguimos por el camino de tierra hasta las eras.

–¿Sabes que Luis piensa escribir un guion de cine contando nuestra historia? –le comenté a Elvira.

–¿Sí? Y ¿cómo se va a titular?

–"Los montemarinos atacan al atardecer" –contesté.

–¿Al atardecer? ¿Por qué al atardecer?

Me reí y **me encogí de hombros**.

El cielo estaba azul y una brisa nos acariciaba la cara. Atravesamos las eras y nos sentamos a la sombra de una encina. Junto a su tronco, cavé un pequeño agujero con las manos. De un bolsillo saqué el collar que arranqué del cuello a uno de los hombres que se llevaron a Elvira. Lo coloqué en el hoyo y lo tapé con la tierra.

Encogerse de hombros: alzar los hombros para expresar "no sé".

Lecturas en español de ENIGMA Y MISTERIO

—Así no volverá a molestarnos –dije.

Ella sonrió y apoyó su cabeza en mi hombro.

Respiré profundamente el aire de Bocacara. El mundo entero olía a azúcar, a canela y a hierba fresca. Quedaban dos meses de vacaciones por delante. Dos meses en los que no pensaba hacer otra cosa que perderme en los ojos de Elvira. Después de todo, no era difícil ser feliz: a mí con eso me bastaba.

DESPUÉS DE LA LECTURA

COMPRENSIÓN LECTORA

1. Después de leer el resto de la historia, di si las siguientes frases son verdaderas (**V**) o falsas (**F**).

	V	F
X. Tino Mendoza ocultó a Germán y a Luis los informes sobre Otero Ponto y Manuel Robledal.	☐	☐
XI. *a)* El nombre auténtico del profesor Otero Ponto era Domingo Marcos.	☐	☐
b) Elvira vivió mucho tiempo en la calle de Brocense.	☐	☐
c) Cuando se fundó, los montemarinos eran un grupo antifranquista.	☐	☐
XIII. *a)* En la cueva del diablo, Luis arrojó una antorcha a las cortinas.	☐	☐
b) Tino Mendoza quiso matar a Luis.	☐	☐
Epílogo Luis va a escribir un guión que se titula *Los Montemarinos atacan por la noche*.	☐	☐

2. Escoge la opción correcta:

X. ¿Por qué la fecha de 1970 es importante?
- ☐ *a)* Porque ese año Otero Ponto empezó a dar clases en Salamanca.
- ☐ *b)* Porque fue cuando Tino Mendoza empezó a ejercer de policía.
- ☐ *c)* Porque a partir de ese año no se sabe nada de Manuel Robledal y empieza a haber datos sobre Otero Ponto.

XI. ¿A dónde se fue a vivir Manuel Robledal cuando cambió de nombre?
- ☐ *a)* A Oviedo. ☐ *b)* A Granada. ☐ *c)* A Madrid.

Lecturas en español de ENIGMA Y MISTERIO

XII. ¿Dónde estaba la cueva a la que fueron llevados Germán y Luis?
- ☐ *a)* En un sótano debajo de la Casa de las Conchas.
- ☐ *b)* En Bocacara.
- ☐ *c)* En una calle antiguamente llamada del Ataúd.

XIII. ¿Por qué sabía Elvira que había una segunda salida de la cueva?
- ☐ *a)* Porque por la noche llegaba hasta su celda un poco de aire fresco.
- ☐ *b)* Porque se lo dijo uno de los montemarinos.
- ☐ *c)* Porque un día se escapó de la mazmorra y vio la escalera.

Epílogo ¿Qué entierra Germán al lado del árbol?
- ☐ *a)* Las notas que ha sacado en la carrera.
- ☐ *b)* Una carta de amor que le escribió a Elvira.
- ☐ *c)* El collar con el signo de los montemarinos.

GRAMÁTICA Y VOCABULARIO

1. La novela está narrada en primera persona; es decir, es el propio Germán el que nos cuenta la historia que ha vivido. Por eso, no sabemos cómo es él, puesto que no se describe a sí mismo. ¿Cómo te imaginas tú a Germán? Redacta una descripción física del protagonista. Puedes seguir este orden:

a. Aspectos generales: estatura, constitución, edad, peso.

b. Cabeza: pelo, ojos, nariz, boca, dientes, barba, cejas.

c. Otros datos: movimientos, tono de voz, ropa.

A la hora de describir, son útiles los adjetivos y ciertos verbos. También ayuda usar comparaciones. Fíjate en esta descripción que aparece en la novela: en los verbos, en los adjetivos y en palabras que se usan para hacer comparaciones:

[Luis] **Era** un chico **alto** y **delgado**. **Parecía** hecho con palos cubiertos de carne, **como** una marioneta. **Tenía** la piel **amarilla**, **del color del** papel viejo, y el pelo del color de la paja. Por eso parecía que siempre **estaba** enfermo. No era **guapo**, pero **tenía** amigos en todas partes y había tenido ya muchas novias; [...]. **Solía vestir** con el mismo tipo de ropa: vaqueros y sudaderas con capucha. **Parecía** un atleta que había abandonado el deporte.

2. Decir significa "expresar con palabras el pensamiento". Como ves, este es un significado muy amplio. Por eso, a menudo conviene usar otros verbos más precisos. A continuación, te ofrecemos frases de la novela para que completes los huecos con los verbos que te damos. Fíjate en cuál es el más adecuado según lo que se dice y pon la persona y el tiempo correctos:

> preguntar ▪ gritar ▪ interrumpir ▪ contestar ▪
> saludar ▪ responder ▪ presentarse ▪ comentar ▪
> exclamar ▪ disculparse

1. —Me llamo Elvira – .... ella.
   —Yo, Germán.

2. —¿Tenía novio? – .... yo tímidamente.
   —No – .... profesor algo sorprendido.

3. —Vaya, perdona, Germán – .... Luis.

4. —¡Ayúdenme! ¡Algo me come por dentro! – .... Luis.

5. —Hola, chavales – .... el policía.

6. —¡Sí! – .... yo –. ¡Muy bien, Luis!

Lecturas en español de ENIGMA Y MISTERIO

7. –Don Félix va por la calle del Ataúd. Todo está oscuro...
 –La calle del Ataúd –.................. Tino Mendoza.

8. –¿A las doce?
 –Sí, a las doce es buena hora –.................. yo.

9. –Lo interesante de la rana es que no estaba cuando se acabó la fachada. Es un elemento que se añadió más tarde.
 –Pues eso mismo dice aquí –.................. Luis.

3. Explica por qué son incorrectas las siguientes oraciones y corrígelas:

 a. * Germán dice que está tímido.
 ....

 b. * En la fiesta, Elvira era sola.
 ....

 c. * Las canciones que sonaban no le gustaba a Germán.
 ....

 d. * Domingo Marcos dició que no se fiaba de Tino Mendoza.
 ....

 e. * La detención de Mendoza y Robledal fue publicación en el periódico.
 ....

4. Como ya hemos comentado, la novela está escrita en primera persona. ¿Te imaginas cómo quedaría si se contara en tercera persona? A continuación, te ofrecemos el comienzo de la historia. Rescríbela en tercera persona.

LAS TINIEBLAS DE SALAMANCA

Era casi medianoche. Elvira y yo caminábamos tan cerca el uno del otro que, por primera vez, olía su perfume a azúcar, a canela y a hierba mojada. Tenía el pelo largo, negro y liso, y le caía por los hombros como una cascada. Su piel pálida parecía de seda. Pensé que su cabello era el cielo y su rostro la luna. El cielo y la luna de esa noche sin nubes en que paseábamos por una ciudad vacía. Hacía frío, pero a mí no me importaba. Llevaba mucho tiempo deseando hablar con ella, meses observándola en clase, oyendo sus respuestas a las preguntas de los profesores. Soy un chico bastante tímido, así que nunca me había atrevido a decirle nada. En realidad, fue ella la que se acercó a mí. Yo había ido con Luis a la fiesta de un amigo suyo, uno de los miles que tiene. Me aburría sentado en un rincón, intentando no oír la música de David Bisbal, Alejandro Sanz y otros cantantes llorones.

EXPRESIÓN ESCRITA

1. Imagina que lo que ha ocurrido en la novela ha pasado realmente. Lógicamente, sería un caso llamativo que acabaría publicándose en la prensa. Redacta una breve noticia en la que cuentes los hechos fundamentales. Te damos algunas pautas.

    a. Las noticias siempre deben responder a estas seis preguntas: ¿quién?, ¿qué?, ¿cuándo?, ¿dónde?, ¿cómo?, ¿por qué?

    b. Suele tener esta estructura:

> **TITULAR:** *datos fundamentales*
> *Encabezado:* **ampliación del titular.**
> *Suele responder a las seis preguntas.*
> Cuerpo de la noticia: *la información completa.*

Aquí tienes un ejemplo de una noticia curiosa.

TITULAR ⟶

CONDENAN A DELINCUENTES QUE FUERON DELATADOS POR UN LORO

ENCABEZADO ⟶

Paquita se ha convertido en un animal famoso en El Salvador

CUERPO DE LA NOTICIA

Un tribunal salvadoreño condenó a cinco años y cuatro meses de prisión a dos delincuentes acusados de robo agravado, que habían sido detenidos tras ser delatados por una hembra de loro llamada "Paquita".

La secretaria del tribunal de Sentencia de San Salvador, Ana Isabel Brizuela, informó hoy a EFE de que los dos delincuentes y un menor de edad se introdujeron en la casa de una mujer de 80 años que era cuidada por la novia de su nieto, el 25 de junio de 2004.

Los dos malhechores y el menor se llevaron el animal, un encendedor, una sombrilla, un teléfono móvil, 190 dólares de la joven y otras "tonterías", enumeró la fuente.

Luego se dieron a la fuga y fueron interceptados por una patrulla de la policía que percibió que se comportaban nerviosamente. En ese momento, el teléfono robado empezó a sonar y los ladrones no contestaron la llamada. El loro empezó a gritar y a mostrarse agresivo.

Los ladrones, entonces, se sintieron delatados e intentaron huir del vehículo policial, pero fueron detenidos por los agentes.

Ahora, redacta tu noticia. Puedes incluir estos hechos y otros que consideres importantes.

- La detención por parte de la policía de Tino Mendoza y Manuel Robledal.
- El descubrimiento y captura de una peligrosa secta.
- Jóvenes estudiantes en peligro.
- Profesor de la Universidad de Salamanca implicado en crímenes.

2. Sigamos imaginado que los hechos de la novelas son reales. Imaginemos ahora que al final Luis escribe su guion (*Los Montemarinos atacan al atardecer*) y se graba una película que se hace muy famosa. Un periodista invita a Luis a un programa de radio y lo entrevista. En parejas inventad una posible entrevista de radio. Podéis empezar así:

LAS TINIEBLAS DE SALAMANCA

PERIODISTA: Muy buenas tardes, queridos oyentes. Bienvenidos a *Cine en primera persona*, el programa en el que les enseñamos cómo se han hecho sus películas favoritas. Hoy, hablaremos del último éxito del cine español: *Los montemarinos atacan al atardecer*. Contamos en este estudio con la presencia de su guionista, que vivió la historia que se cuenta en la película en primera persona. Buenas tardes, Luis.

Preguntas posibles:
- ¿En qué momentos sintió usted miedo?
- ¿Cuándo supo que Tino Mendoza no era quien decía ser?
- En la película se cuenta cómo descubrieron la cueva en la que se escondían los montemarinos. ¿Fue así realmente?
- Es usted un gran amante del cine. ¿Qué películas le gustan más?
- Si hubiera podido elegir a un actor para que hiciera su papel en la película, ¿a quién habría elegido?
- ¿Qué le parece la película? ¿Se parece a la realidad?

Después de escribir vuestra entrevista, podéis realizar estas actividades:
- Leed en voz alta el texto intentando simular que se trata de un programa de radio.
- Grabad vuestra entrevista en el móvil o con el micrófono del ordenador. Podéis añadir música de fondo, anuncios que os inventéis, preguntas de los oyentes, etc. Después, se pueden pasar los programas a un ordenador y escucharlos todos en clase.

EXPRESIÓN ORAL

1. ¿Por qué crees que la novela se titula *Las tinieblas de Salamanca*?

2. ¿Qué te ha parecido el libro que has leído: entretenido, aburrido, etc.? ¿Te ha costado entenderlo?

3. Como has podido comprobar en la novela, es Elvira la que se dirige a Germán en la fiesta. En España, suele ser el chico el que "rompe el hielo". ¿Cómo se liga en tu país? ¿Quién suele tomar la iniciativa? ¿En qué lugares se suele ligar?

4. En la historia es importante *El estudiante de Salamanca*, una obra de José de Espronceda. Este autor es un escritor romántico español. Cuando hablamos de escritor romántico, ¿a qué acepción de la palabra "romántico" crees que nos estamos refiriendo?:

  a. Seguidor del Romanticismo, movimiento artístico y literario del siglo XIX.

  b. Sentimental, generoso y soñador, cariñoso en la relaciones amorosas.

5. El Romanticismo fue un movimiento artístico y literario con unas ideas muy claras. Ahora, vas a comprobar hasta qué punto tú eres romántico. Rellena el test del romanticismo y comprueba los resultados.

¿Crees que el amor perfecto no existe?
¿Te opones a las normas?, ¿eres rebelde?
¿Crees que uno debe defender aquello en lo que cree por encima de todo?
¿Merece la pena luchar por defender la libertad?
¿Odias el mundo en el que te ha tocado vivir?
¿Te gusta imaginar que vives otras vidas o en otros lugares o en otra época?

RESULTADOS:

  I. Seis respuestas afirmativas: ¡ERES TODO UN ROMÁNTICO! Espronceda también habría respondido lo mismo que tú. No te conformas con cualquier cosa y buscas hacer realidad tus sueños.

II. Cinco respuestas afirmativas: ¡Eres romántico! Quieres que tus sueños se hagan realidad, pero también sabes valorar las cosas que la vida real te ofrece.

III. Cuatro respuestas afirmativas: eres romántico, pero sabes que la vida no es fantasía.

IV. Tres respuestas afirmativas: disfrutas de tus sentimientos y de tu imaginación, pero también de la realidad.

V. Dos respuestas afirmativas: sabes valorar las experiencias intensas que la vida te ofrece, pero no las buscas desesperadamente.

VI. Una respuesta afirmativa: es mejor tener los pies en la tierra que la cabeza en las nubes.

VII. Ninguna respuesta afirmativa: te gusta la realidad. Las cosas son como son; como decimos en España: "al pan, pan y al vino, vino".

6. Comentad los resultados del test de romanticismo.

7. La secta de los montemarinos juega un papel fundamental en la novela. Seguro que conoces algún grupo de este estilo que exista en la realidad. ¿Por qué crees que existen las sectas? ¿Crees que el hombre necesita siempre sentirse parte de un grupo?

8. Seguro que has pasado miedo alguna vez. Cuenta a tus compañeros una experiencia en la que te sintieras en peligro. Si quieres, puedes inventártela, pero cuéntala como si la hubieras vivido de verdad.

9. Salamanca es una ciudad con una gran riqueza arquitectónica. La Universidad, la Casa de las Conchas, las dos catedrales... Elige un edificio que te guste de tu país y prepara una exposición oral sobre él. Intenta mostrar fotografías del edificio. Descríbelo, habla de cuándo fue construido, para qué se ha usado y para qué se usa en la actualidad; si es muy visitado por turistas y da otros datos que consideres importantes. Puedes preparar una presentación en Power Point.

10. Uno de los lugares que se mencionan en la obra es la Cueva del Diablo o Cueva de Salamanca. Busca información en Internet y verás cómo te parece un lugar muy interesante:

Google

↖ Cueva del diablo + Salamanca

¿Habías oído hablar alguna vez del culto al diablo? ¿Existen en tu país leyendas que tengan que ver con ello?

11. En homenaje a Luis, juguemos a adivinar películas. Uno de vosotros piensa en una película famosa. Los demás tienen que adivinar de cuál se trata haciendo preguntas. El que tiene el turno solo puede responder "sí", "no", "no lo sé" o "no tiene importancia".

12. Podéis también jugar a adivinar a qué película pertenecen frases famosas del cine. Por ejemplo:

a. Me parece que este es el principio de una gran amistad.

b. Francamente, querida, me importa un bledo.

c. La vida es como una caja de bombones, nunca sabes lo que te puede tocar.

d. Sayonara, baby.

13. Organizad un debate en clase acerca de esta afirmación: "no se puede ser feliz sin amor". Unos deben defender una postura a favor de la afirmación y otros en contra. No se trata de defender tu postura, sino la que te haya tocado. Antes de empezar el debate, dedicad cinco minutos, en grupos de unas cuatro personas, a preparar vuestros argumentos.

LAS TINIEBLAS DE SALAMANCA

SOLUCIONARIO

ANTES DE LA LECTURA

2. c.

4. 1. b; **2**. c; **3**. d; **4**. a, **5**. f; **6**. e.

DURANTE LA LECTURA

1. **I**. F; **II**. V; **III**. F; **V**. V; **VI**. F; **VII**. V; **IX**. V.

2. **I**. c; **II**. a; **III**. c; **IV**. b; **V**. a; **VI**. a; **VII**. c; **VIII**. a; **IX**. b.

4. (Propuesta de traducción)

Ondea el vestido de Mary.
Como una visión, ella baila a través del porche,
mientras la radio suena,
Roy Orbison cantando para los solitarios.
"Hey, esto es lo que soy y solo te quiero a ti.
No me mandes a casa de nuevo,
no me puedo enfrentar a mi soledad otra vez".

6. **a.** En que los dos son famosos en la ciudad por seducir a mujeres y matar a hombres con la espada; **b.** Don Diego muere por las heridas de la lucha con uno de los amantes de doña Mencía y a ella la mata don Diego.

DESPUÉS DE LA LECTURA

Comprensión lectora

1. **X**: V. **XI**: a. F; b. F; c. V. **XII**: a. V; b. V. **Epílogo**: F.

2. **X**. c; **XI**. a; **XII**. c; **XIII**. a; **Epílogo**. c.

Gramática y vocabulario

2. 1. se presentó; **2**. pregunté, contestó; **3**. se disculpó; **4**. gritó; **5**. saludó; **6**. exclamé; **7**. interrumpió; **8**. respondí; **9**. comentó.

3. **a.** Germán dice que *es* tímido. El adjetivo *tímido* indica una característica de la persona, no un estado; es decir, que se refiere a algo que no va a cambiar. Por eso se usa el verbo *ser*; **b.** En la fiesta, Elvira *estaba* sola. El adjetivo *sola* indica un estado; es decir, una situación transitoria, que puede cambiar. Por eso se usa *estar*; **c.** Las canciones que sonaban no le *gustaban* a Germán. *Gustaban* tiene que estar en plural, porque concuerda con *canciones*, no con *Germán*; **d.** Domingo Marcos *dijo* que no se fiaba de Tino Mendoza. El verbo *decir* es irregular; **e.** La detención de Mendoza y Robledal fue *publicada* en el periódico. *Fue publicada* es un verbo. Si se pone *publicación*, que es un nombre, deja de serlo.

4. Era casi medianoche. Elvira y Germán caminaban tan cerca el uno del otro que, por primera vez, él olía su perfume a azúcar, a canela y a hierba mojada. Ella tenía el pelo largo, negro y liso, y le caía por los hombros como una cascada. Su piel pálida parecía de seda. Germán pensó que su cabello era el cielo y su rostro la luna. El cielo y la luna de esa noche sin nubes en que paseaban por una ciudad vacía. Hacía frío, pero a él

86

Lecturas en español de ENIGMA Y MISTERIO

no le importaba. Llevaba mucho tiempo deseando hablar con ella, meses observándola en clase, oyendo sus respuestas a las preguntas de los profesores. Es un chico bastante tímido, así que nunca se había atrevido a decirle nada. En realidad, fue ella la que se acercó a él. Germán había ido con Luis a la fiesta de un amigo suyo, uno de los miles que tiene. Se aburría sentado en un rincón, intentando no oír las canciones que sonaban.

Expresión oral

4. **a.**

12. **a.** *Casablanca*; **b.** *Lo que el viento se llevó*; **c.** *Forrest Gump*; **d.** *Terminator.*

LAS TINIEBLAS DE SALAMANCA

TÍTULOS DE LA COLECCIÓN

 Los libros perdidos
Mónica Parra Asensio.
ISBN: 978-84-9848-433-5
ISBN: 978-84-9848-434-2 (con CD)

 El monstruo del Lago Ness
Albert V. Torras.
ISBN: 978-84-9848-435-9
ISBN: 978-84-9848-436-6 (con CD)

 Gaudí inacabado
Jordi Pijuan Agudo y Paloma Rodríguez León.
ISBN: 978-84-9848-229-4
ISBN: 978-84-9848-230-0 (con CD)

 Los fantasmas del palacio de Linares
Manuel Rebollar Barro.
ISBN: 978-84-9848-231-7
ISBN: 978-84-9848-232-4 (con CD)

 El secreto de los moáis
Miguel Ángel Rincón Gafo.
ISBN: 978-84-9848-233-1
ISBN: 978-84-9848-234-8 (con CD)

 El comienzo del fin del mundo
Sergio Reyes Angona.
ISBN: 978-84-9848-116-7
ISBN: 978-84-9848-117-4 (con CD)

 Muérdeme
Miguel Ángel Rincón Gafo.
ISBN: 978-84-9848-374-1
ISBN: 978-84-9848-375-8 (con CD)

 Las tinieblas de Salamanca
Raúl Galache García.
ISBN: 978-84-9848-376-5
ISBN: 978-84-9848-377-2 (con CD)

 El amor brujo: la perdición de Falla
Alicia González.
ISBN: 978-84-9848-814-2
ISBN: 978-84-9848-815-9 (con CD)